PIA KLEMP

WUT SCHRIFT

WÄNDE EINREISSEN, ANSTATT SIE HOCHZUGEHEN

PENGUIN VERLAG

MIX
Papier aus verantwortungsvollen Quellen
FSC® C014496

Klimaneutral*
Druckprodukt
ClimatePartner.com/14044-1912-1001

Penguin Random House Verlagsgruppe FSC® N001967

1. Auflage 2022

Neumarkter Straße 28, 81673 München
Umschlaggestaltung: Favoritbuero, München
Autorenfoto: Chris Grodotzki
Satz: Uhl + Massopust GmbH, Aalen
Druck und Bindung: GGP Media GmbH, Pößneck
Printed in Germany
ISBN 978-3-328-10927-3
www.penguin-verlag.de

Für Sandra – keep on raging, buddy.

Denn in mir und zahllosen anderen Frauen (…)
steckt ein Leben voll berechtigter Wut, die so tief ist,
dass das ganze Patriarchat der *weißen* Vorherrschaft darin
ertrinken könnte. Und wenn es irgendeine Gerechtigkeit
auf dieser Welt gibt, wird es das auch.

– Ijeoma Oluo

Inhalt

Bevor beim Lesen jemand einen Nervenzusammenbruch wegen Sprachverschandelung erleidet und sich von der Doktrin des Genderwahns und Political Correctness tyrannisiert wähnt, beginne ich mit einer Triggerwarnung für alte *weiße* Männer (wer sich hier echauffiert anstatt zu schmunzeln, darf sich geschlechtsunabhängig als unbedingt gemeint betrachten):

Dieser Text gendert mit dem Sternchen (*), wie beispielsweise »der*die Aktivist*in«. Wenn ich von »Frauen« und »Männern« spreche, dann meine ich damit keine biologischen Kategorien, sondern alle, die sich unter der jeweiligen Bezeichnung definieren, definiert werden und/oder sich sichtbar gemacht sehen. Die Bandbreite geschlechtlicher Identitäten ist groß.

Mit »Person oder People of Colour (PoC)« werden Menschen beschrieben, die nicht als *weiß* wahrgenommen werden und sich auch selbst nicht so definieren. Die Bezeichnung »Schwarz« umschließt Menschen, die sich mit der afrikanischen Diaspora verbunden sehen oder afrikanischer Herkunft sind. »Schwarz« wird (auch in adjektivischer Verwendung) großgeschrieben und die Bezeichnung »*weiß*« klein und kursiv. In beiden Fällen geht es nicht um biologische Eigenschaften, sondern um gesellschaftspolitische Zugehörigkeiten. Die emanzipatorisch genutzten Selbstbezeichnungen »Schwarz« und »PoC« verweisen auf Menschen mit Rassismuserfahrung. Der Begriff »*weiß*« ist keine Selbstbezeichnung, sondern beschreibt eine privilegierte Position innerhalb der Gesellschaft. Im Sinne der sprachlichen Symmetrie markiert die Kursivsetzung so den Konstruktivcharakter dieser historischen, politischen und sozialen Norm.

In direkten Zitaten wird die Schreibweise von »Schwarz« und »*weiß*« nur dann beibehalten, wenn sie von dem*der Urheber*in übernommen werden konnte. Bei einigen der im Buch aufgeführten Studien ist nicht ersichtlich, ob sie zwischen »Schwarz« und »PoC« unterscheiden. Die Beschreibungen wurden wie vorgefunden übernommen.

Falls sich im Text trotz aller Bemühungen diskriminierende und exkludierende Formulierungen finden lassen, dann tut mir das leid. Ich harre etwaiger wütender Resonanz.

Vorwut

Ich bin eine wütende Frau, Gott sei Dank. Oft brauche ich bloß ein paar Zeilen zu lesen, einen Satz zu hören oder eine kleine Szenerie zu beobachten und schon geht es los. Bis ins Mark zwirbelt plötzlich die Wut und beißt sich durch mich hindurch, aus mir heraus. Manchmal muss ich auch nur nachdenken und ich spüre meine Oberlippe bereit zum Zähnefletschen zucken. Das Gefühl ist alles andere als ohnmächtig. Es bäumt sich auf und pocht. Es stülpt sich über nichts drüber, es ist eher eine Amphetaminspritze für das, was bereits da ist. Hier ist so eine Standardsituation, bei der mir unausweichlich der Kragen platzt:

Jemand guckt mich mit verschwiemeltem Blick an und fragt in karitativem Ton: »Sag doch noch mal, wie war das für dich mit dem toten Jungen in der Tiefkühltruhe?«

Dabei kniepen sie kräftig mit ihren feuchten Augen. Gerne wollen sie auch was von Todesschreien und anderen aufwühlenden Ereignissen hören. Sie wollen so richtig betroffen sein, als versprächen sie sich einen Freibrief durch ihre kurze Anteilnahme, und ein bisschen Katastrophentourismus geht eh immer gut rein.

Ich merke, wie es in mir wächst und sich mir die Nüstern blähen. Sie fragen auch diesmal nicht, warum diese Menschen auf der Flucht sind, wer oder was sie dazu getrieben – vertrieben – hat, warum es ihnen nahezu unmöglich gemacht wird, einen sicheren Ort zu erreichen. Sie fragen nicht einmal nach der psychischen Verfassung oder dem Asylstatus der Mutter, die das alles überlebt hat.

»Nein«, presse ich also heraus und bemühe mich, all den Unmut in meinen Blick zu legen, »frag doch lieber mal nach Frontex oder den Deals der EU mit Libyen.«

Sie tun es nicht. Stattdessen schlucken sie mitleidig und nicken schlau.

»Das war bestimmt schlimm für dich, hm?«, bleiben sie säuselnd bei ihrem Anliegen und gucken mich an, als sollte ich am besten sofort in Tränen ausbrechen.

Mein roter Knopf ist damit unwiderruflich gedrückt: »Ja, scheiß doch die Wand an! Kannst du was noch Irrelevanteres fragen?!«

Mit einem Schlag sind sie pikiert, weil mir nicht einfiel, traurig zu sein und in schmerzlicher Verzweiflung über einen original EU-Grenztoten zu vergehen. Ich habe ihnen nur meinen Zorn vorzuweisen und sie wollen nichts damit anzufangen wissen.

»Aber die Menschen wollen so was hören. Solche Geschichten bewegen!«

»Es ist Zeit für die Leute zu begreifen, dass es nicht immer darum geht, was sie hören wollen, verdammt!«

»Also! Jetzt reg dich doch nicht gleich so auf«, wedeln sie enttäuscht mit den Armen durch die Luft und schnauben mit vorgeschobenem Kinn über meine mutmaßliche Pietätlosigkeit.

»Ne! Hör du mal auf, dich nicht aufzuregen«, setze ich ihnen verärgert entgegen.

Ich weiß, wo meine Wut herkommt. Da ist noch einiges mehr zu holen. Ich war Kapitänin der Rettungsschiffe *Iuventa* und *Sea-Watch 3*. Ich war auch maßgeblich an dem Kollektiv beteiligt, das die *Louise Michel* aufs Wasser brachte. Es sind Schiffe, deren Aufgabe es ist, Menschen aus Seenot vor der Küste Libyens zu retten – Menschen, denen keine andere Wahl bleibt, als ihr Leben auf der zentralen Mittelmeerroute zu riskieren, um in Europa Schutz zu suchen.

Auf meinen Einsätzen habe ich nicht nur gesehen, wie Männer, Frauen und Kinder jämmerlich untergehen, sondern auch, dass Menschenrechtsverletzungen an der Haustür Europas auf der Tagesordnung stehen. Die EU lässt Flüchtende wissentlich und willentlich ertrinken, während sie zivile Rettungsschiffe blockiert und stattdessen libysche Milizen finanziert, die Menschen gewaltsam in ein Bürgerkriegsland verschleppen, wo ihnen Vergewaltigung, Folter oder Tod drohen.[1] So viel zur Realität an Europas Außengrenzen. Als Ergebnis dieser brutalen Abschottungsstrategie ist das Mittelmeer die tödlichste Grenze der Welt.[2]

Herzlich willkommen also, liebe Wut! Wie und vor allem warum sollte ich nicht aufgebracht sein, bei allem, was dort passiert und wenn nichts als ein gefühlsduseliger Seelen-Striptease meinerseits als Reaktion gewünscht wird? Ich habe keinen Anlass, öffentlich in Trauerbewältigung zu schwelgen, wir sind ja noch mittendrin im Verlust. Diese Menschen sterben weiterhin und sie sterben nicht zufällig. Sie fallen keiner Naturkatastrophe, keiner göttlichen Allmacht, keinem Schicksal zum Opfer. Es ist skrupellose Politik – Unterschriften, Stempel und Handschläge in klimatisierten Büros –, die diese Toten fordert. Warum also nicht dem Elend entgegenwirken, anstatt heuchlerisch zu wehklagen und die, die gar nicht sterben müssten, damit zu verraten? Es ist ein bedenkliches Zeugnis unseres Gesellschaftszustands, wie häufig dem Thema mit stumpfer Kondolenz, erschreckender Gleichgültigkeit oder unverhohlenem Rassismus begegnet wird. Warum geht kaum eine*r die Wände hoch?

Es ist anmaßend und gleichsam ignorant, die Toten betrauern zu wollen, ohne sich über ihre Todesursache zu ereifern, sie gänzlich unberührt hinzunehmen sowieso. Das gilt für das persönliche Gespräch genauso wie für den gesellschaftlichen Diskurs. Aber nicht nur fehlt es allgemein an der angebrachten Empörung, zudem wird meine noch als lästig abgetan. Der Wut wird mit Unverständnis und Ablehnung begegnet, im besten Fall wird sie belächelt. Irgendwen wollte man ja heute bemitleiden.

Ich bin jetzt also gleich mehrfach sauer: auf Fluchtursachen und europäische Grenzpolitik, darüber, dass sie niemanden wütend machen, dass ich es nicht sein soll und darauf, wie es sich alles gegenseitig bespielt.

Ich könnte dieses aufwühlende und manchmal sogar erschreckende Gefühl natürlich auch ignorieren, die Wut wegdrücken und in mich hineinfressen. Das Gefühl von Schmirgelpapier auf der Hirnhaut könnte ich umgehen und mir die Schulter tätscheln lassen, anstatt anzuecken und auf einmal mit einer tosenden Emotion dazustehen, die nicht nur den anderen, sondern auch mir selbst so viel abverlangen will. Ich könnte der unschönen Ahnung eines anstehenden Zerwürfnisses nachgeben und mich vor der inneren und äußeren Konfrontation wegducken. Nur ist es allemal so, dass ich weder dieses Empfinden noch die Auseinandersetzung missen möchte. »Aus meiner Angst vor der Wut habe ich nichts gelernt. Auch ihr werdet aus eurer Angst vor der Wut nichts lernen«, schrieb Audre Lorde.[3]

Wut ist ein dringend benötigter Ausbruch – eine Offensive.

1

Zeter und Mordio

Manchmal frage ich mich, ob ich das Wutkontingent anderer heimlich eingeheimst habe. Anders kann ich mir nicht erklären, warum mir in einem fort die Hutschnur platzt, während der Großteil meiner engeren und weiteren Mitwelt sich nicht aus der Ruhe (oder ist es Trägheit?) bringen lässt. Und doch, wer mit einem halbwegs offenen Blick durch unsere Welt schlendert, muss nicht lange suchen, um über ganze Geröllfelder von Steinen des Anstoßes zu stolpern. Es mangelt nicht an politischen, gesellschaftlichen oder ökologischen Zuständen, die weit mehr verdienen als ein leichtes Unwohlsein. Ich hab' da mal was vorbereitet.

Während die einen namenlos ertrinken, brechen Wellen, wenn nicht gar Fluten von Flüchtenden über die Europäische Union – die zweitgrößte Volkswirtschaft der Welt[4] – herein und stürzen sie alsbald in eine Krise. In einer Selbstwahrnehmung, die bewundernswert verzerrt ist, attestiert sich die EU ein kolossales Problem und spricht es damit den Menschen auf der Flucht im gleichen Atemzug ab. Wo man geht und steht, wird man kulturell und finanziell geschröpft. *Himmel hilf!*, und dann noch diese ganzen Smartphones. Welcher Mensch bei Verstand flieht schon vor Vergewaltigung, Hunger und/oder Krieg, wenn er*sie doch im Besitz eines mobilen Telefonapparats ist?[1]

Noch nie waren mehr Menschen auf der Flucht als heute. Die Zahl der offiziellen Flüchtlinge hat sich laut dem Hohen Flüchtlingskommissar der Vereinten Nationen (UNHCR) allein in den letzten zehn Jahren verdoppelt. 82,4 Millionen Menschen flohen 2020 weltweit vor Krieg, Konflikten und Verfolgung. 42 Prozent von ihnen waren Kinder und Jugendliche.[5] Aber als wäre der Sachverhalt, dass Menschen auf der Suche nach Zuflucht sind, unerträglicher als die Umstände, die sie dazu gezwungen haben, reagieren wir mit Arroganz und Grenzgewalt auf Fluchtbewegungen. In chronischer Verleugnung der Tatsache, dass der Anteil von Flüchtlingen an der Gesamtbevölkerung der EU bei sage und schreibe 0,6 Prozent liegt (im Libanon sind es etwa 22 Prozent), wird man nicht müde zu befürchten, dass der Kontinent bald aus allen Nähten platzt.[6] *Wir können doch nicht alle aufnehmen!* Kein Problem, denn das steht gar nicht an. Während mit 48 Millionen die mit Abstand meisten Geflohenen Binnenvertriebene sind (Menschen also, die innerhalb ihres Landes fliehen), leben 86 Prozent aller Geflüchteten in sogenannten Entwicklungsländern.

---

1 Die Geräte sind allerdings auch eine Krux, denn mit ihnen könnten theoretisch die menschenfeindlichen Zustände in europäischen Flüchtlingslagern dokumentiert werden. Auf der griechischen Insel Kos weiß man dem Abhilfe zu schaffen und zerstört die Kameras kurzerhand, bevor die neuankommenden Schutzsuchenden inhaftiert werden. Siehe dazu: Info Migrants: ›Invisible islands:‹ How COVID-19 has affected migrants in camps on Kos and Leros. 16. Juli 2020; https://www.infomigrants.net.

Die vorgeblich höchstentwickelte EU braucht diese Schutzsuchenden auch nicht, wir haben schon den Pokal – den Friedensnobelpreis, den der Staatenverbund 2012 für den »erfolgreichen Kampf für Frieden, Versöhnung, Demokratie und Menschenrechte« erhielt.[7] Mit diesem Persilschein in der Tasche betreibt die EU ein Grenzregime, dessen Ziel nicht der Schutz *von* Flüchtenden, sondern *vor* Flüchtenden ist. 2016 sagte Sebastian Kurz, der damalige Außenminister und spätere (des Amtes enthobene) Bundeskanzler Österreichs, zum Thema EU-Außengrenzen, dass es »nicht ohne hässliche Bilder gehen« würde.[8] Ob er damit Bilder wie den Jungen in der Tiefkühltruhe, absinkende Boote und Wasserleichen meinte oder eher von prügelnden Grenzbeamt*innen und Elendslagern sprach, verriet er dabei nicht.[9] Bei der Mär vom Füllhorn europäischer Humanität und moralischer Überlegenheit fällt es nicht weiter auf, wenn das Asylrecht bis zur Unkenntlichkeit ausgehöhlt wird und die bürokratischen und physischen Hürden für Flüchtende, um ihr Recht auf einen Asylantrag in Anspruch nehmen zu können, nahezu unüberwindbar werden. Sichere und legale Einreisewege für Flüchtende gibt es praktisch nicht.

In Europa geht es wieder um Blut und Boden.[10] Und so werden die Festungsmauern geschichtsvergessen kontinuierlich höher gezogen und die Grenzschutzagentur Frontex mimt den passenden Türsteher dazu. Dabei sind Rechenschaftspflicht und externe behördliche Aufsicht der EU-Agentur quasi nicht existent. Trotz Intransparenz, Korruptionsvorwürfen und Verbindungen zur Waffenlobby lässt man Frontex bei der Militarisierung der Grenzen freie Bahn.[11] Dafür wird nicht nur stetig das Mandat erweitert, sondern auch das Budget, das mit derzeit 544 Millionen Euro jährlich nun eines der größten aller EU-Agenturen ist und in den folgenden Jahren auf 1,3 Milliarden Euro angehoben werden soll. (Die EU-Agentur für Grundrechte wurschtelt sich derweil mit einem Haushalt von 24 Millionen Euro durch.)[12]

Das Narrativ von Flüchtenden als Bedrohung und von einer unabdingbaren »Sicherung« der Grenzen lässt völlig außer Acht, dass der Einsatzbereich von Frontex zu großen Teilen in menschenrechtlich sensiblen Bereichen liegt, in denen es vornehmlich um Schutzbedürftige und nicht um Kriminelle geht. Zeugnisse von Menschenrechtsverletzungen mehren sich und es liegt eine erdrückende Beweislast vor, dass Frontex rücksichtslose und völkerrechtswidrige Pushbacks[2] durchführt.[13]

Nach dem Zufall sucht man hier vergeblich. Agentur-Chef Leggeri wehrte sich jahrelang mit Händen und Füßen dagegen, die vorgeschriebenen 40 Grundrechtsbeobachter*innen einzustellen und gab stattdessen bekannt, dies habe »keine Priorität.«[14] Er fällt mit seiner Haltung nicht weiter auf, denn wenn es nicht mehr reicht, ein Recht zu brechen oder zu beugen, dann darf man in der EU auch mal eines kom-

---

2 Pushback: Gewaltsames Zurückdrängen von Flüchtenden von den Grenzen ihres Ziel- oder Transitlandes durch staatliche Akteur*innen – entgegen dem Grundsatz der Nichtzurückweisung der Genfer Flüchtlingskonvention und in Verstoß gegen das in der Europäischen Menschenrechtskonvention verankerte Verbot von Kollektivabschiebungen.

plett aussetzen, zum Beispiel Artikel 14 der Allgemeinen Erklärung der Menschenrechte. So geschehen in Griechenland – ohne Aufschrei aus Brüssel, wohl aber mit einem Lob für dieses »Schutzschild« Europas.[15] Dies wäre ein hervorragender Zeitpunkt (von vielen) gewesen, den Friedensnobelpreis schamgesenkten Hauptes zurückzugeben.

Doch nein, Flucht und was sie ermöglicht gehört bekämpft! Während die solidarischen und humanitären Aktionen der Search and Rescue (SAR) NGOs anfangs noch Zuspruch fanden, ist man sich jetzt sicher, dass politische und moralische Überzeugungen nicht der Grund für die Rettungsaktionen sein können, sondern die Zusammenarbeit mit Schmugglern das Kerngeschäft ausmacht.[16] Alsbald wird der Seenotrettung ein Pull-Faktor[3] angedichtet, der in jeder Betrachtung mitschwingt, obwohl er mehrfach durch Studien widerlegt wurde (wobei es der gesunde Menschenverstand auch hätte tun können, denn die SAR-Schiffe waren die Antwort auf Tausende in Seenot Geratene und nicht umgekehrt).[17] Die Unterhaltung über Push-Faktoren

---

3 Der Begriff Pull-Faktor stammt aus dem »Push-Pull-Modell der Migration«. Diese Theorie arbeitet mit der Hypothese, Migration sei ein Prozess, bei dem Menschen aus einem Gebiet »weggedrückt« werden (engl.: *to push*) und/oder von einem anderen Gebiet »angezogen« (engl.: *to pull*) werden. So sind Push-Faktoren bspw. Fluchtursachen wie Arbeitslosigkeit, Armut, Hunger und soziale Ungleichheit. Pull-Faktoren sind hingegen positive Zustände wie Sicherheit, persönliche Freiheit und Frieden. Der einst neutral-wissenschaftliche Begriff des Pull-Faktors ist mittlerweile als negativ konnotierter Begriff in den europäischen Fluchtdiskurs übergegangen und wird hier im Sinne der *Befürchtung* genutzt, dass bestimmte Maßnahmen und/oder Zustände Menschen zur Flucht nach Europa animieren könnten.

wird sich weitestgehend gespart, als kämen die Menschen aus lauter Jux und Tollerei.

Ziviles Engagement wird also blockiert und kriminalisiert. Die angewandten Mittel erstrecken sich von bürokratischen Hürden über amtliche Schikanen bis hin zu Einschüchterungen und juristischer Verfolgung. 28 private Rettungsschiffe, die im zentralen Mittelmeer und in der Ägäis seit 2015 im Einsatz waren, bekamen die staatliche Willkür zu spüren. Gegen 18 von ihnen wurden administrative oder strafrechtliche Ermittlungen (durch italienische, griechische, maltesische, holländische und deutsche Behörden) eingeleitet, die dazu führten, dass die Schiffe beschlagnahmt oder anderweitig an der Ausfahrt gehindert wurden.[18] Mal wird ein Schiff wegen angeblicher falscher Etikettierung von Müll und der Gefahr von HIV-übertragender Kleidung [sic] an Bord festgesetzt, dann sind mal zu viele Gerettete an Bord (hätte man besser welche auf See zurücklassen sollen?) oder wahlweise auch zu viele Rettungswesten[19] – Sodom und Gomorrha! In Deutschland ändert Andi Scheuer gern spontan die Schiffssicherheitsverordnung gezielt für SAR-Schiffe unter deutscher Flagge, mit dem einzigen Ziel, sie so an die Kette legen zu können.[20] Repression trifft nicht nur Schiffe und Organisationen, sondern auch Einzelpersonen, die für lebensrettende Maßnahmen nun der »Beihilfe zu illegaler Einreise« angeklagt werden. Einigen, wie etwa der Crew der *Iuventa,* steht ein jahrelanger politisch motivierter Prozess in Italien bevor. Auch in Griechenland und auf dem Balkan finden sich Aktivist*innen und Hilfsorganisationen unter Beschuss.[21] Simsalabim, plötzlich ist Fluchthelfer*in kein Grund mehr, das Bundesverdienstkreuz zu bekommen, sondern ein Schimpfwort. Und die Zivilgesellschaft ist nicht nur aus ihrer solidarischen Rolle, sondern auch gleich aus ihrer Wächterposition über die Machenschaften von Grenzwächter*innen gedrängt.

Da die meisten Besatzungsmitglieder *weiße* Europäer*innen sind, findet die Kriminalisierung der Helfer*innen viel Gehör (und zynischerweise doch nicht genug). Das Wichtigste fällt dabei meist unter den Tisch: Die Unterstützung von Menschen auf der Flucht wird erst dann zum Verbrechen, wenn die Flucht an sich zum Verbrechen erklärt wird. Und genau dort stehen wir. Flüchtende werden in Europa de facto und de jure kriminalisiert – genau dafür, dass sie flüchten. Wenn es keine »regulären« Möglichkeiten zum Grenzübertritt gibt, dann ist die Illegalisierung ein Automatismus. Die Abwesenheit sicherer Einreisewege zwingt Menschen auf gefährliche Landrouten und Seewege – wozu sie sich im Zweifelsfall in die Hände grausamer Schleusernetzwerke begeben müssen –, um dann am Ende die Grenzen der EU unerlaubt zu überschreiten. Einmal in Europa angekommen, geht es nicht über Los, sondern direkt in administrative Inhaftierung. Tausende Flüchtende sitzen in europäischen Haftanstalten fest, eben weil und nur weil sie Flüchtende sind.[22]

Auch die Neigung, besonders abschreckende Exempel zu statuieren, treibt immer perfidere Blüten. Im März 2019 flohen 108 Personen mit einem Schlauchboot aus Libyen. Das

Frachtschiff *El Hiblu* barg diese Menschen aus Seenot und versprach, sie in einen sicheren Hafen in Europa zu bringen. Kurz darauf wurde der Kapitän jedoch von der europäischen Militäroperation EUNAVFOR MED angewiesen, die Geretteten völkerrechtswidrig nach Libyen zurück zu verfrachten.[23] Die Flüchtenden protestierten panisch gegen die drohende Verschleppung. Drei afrikanische Teenager (damals 15, 16 und 19 Jahre alt) übernahmen die Rolle der Übersetzer und Mittler zwischen den Schiffbrüchigen und der Crew. Letztlich überzeugten sie die Besatzung (ohne dass dabei jemand verletzt oder etwas beschädigt wurde), Kurs nach Malta zu setzen. In Europa angekommen, wurden die drei umgehend verhaftet und der Entführung und des Terrorismus bezichtigt. Sie warten bis heute auf ein Urteil.[24]

Nour Al-Sameh, ein 29-jähriger Syrer, geriet auf einem Boot in der Ägäis in Seenot. Als der einzige Englischsprechende an Bord griff er zum Funkgerät, um Hilfe zu rufen. Schließlich an Land angekommen, wurde er von der griechischen Polizei geschlagen und gedemütigt. Weil er derjenige war, der kommunizieren und damit sein Leben und das der anderen Menschen auf dem sinkenden Boot retten konnte, wurde er wegen »Menschenschmuggel und Beihilfe zur illegalen Einreise« zu 315 Jahren Haft und einer Geldstrafe von 3.150.000 Euro verurteilt.[25]

Auf Samos wird Nadir der fahrlässigen Tötung seines Sohnes angeklagt. Nach Zuflucht suchend auf ein Boot gezwungen, geriet die afghanische Kleinfamilie in Seenot.[26] Der fünfjährige Junge ertrank, nachdem die griechische

Küstenwache sich nicht zu einer Rettung bequemen konnte. Dass dem Vater kein anderer Weg offenstand, um in Europa Schutz zu suchen, und er dabei sein Kind verlor, wird nun ihm zum Verhängnis gemacht: »Beihilfe zur illegalen Einreise mit Todesfolge«.[4] Kriminalisierung hat für Geflüchtete eine viel schwerwiegendere Dimension als für Europäer*innen, die sogenannte Solidaritätsverbrechen im Kontext von Flucht begehen – sei es durch den mangelnden rechtlichen Beistand, die Härte der Strafen oder die Konsequenzen von Haft und Abschiebung. Dabei bleiben sie meist namens- und gesichtslos. Ein großes Medienecho oder breite Unterstützung aus der Öffentlichkeit misst man schmerzlich, nein, wutentbrannt. Die Verdrehung und der Entzug des Rechts sind nichts als Instrumente der Kontrolle, die europäische Macht erhalten, indem sie die von anderen schmälern.

Und nun? Der Heimat-Horst wollte, dass zu Zeiten von Covid-19 erst recht nicht gerettet wird, als wäre es sicherer,

---

4 Die Liste solcher Geschichten von Kriminalisierung ist lang. In Griechenland sitzen die Beschuldigten oft viele Monate in Untersuchungshaft, bevor ihnen ohne angemessenen Rechtsbeistand und ohne Übersetzung der Prozess gemacht wird. Diese Verhandlungen dauern im Durchschnitt gerade mal 38 Minuten und enden oft mit drakonischen Haft- und Geldstrafen. Seit 2019 stellen kriminalisierte Flüchtende die zweitgrößte Gruppe von Insassen griechischer Gefängnisse. Auch in Italien sitzen immer wieder vermeintliche Schleuser auf der Anklagebank, die in der Regel selbst Flüchtende sind und zum Steuern der Boote genötigt wurden – oft unter Androhung von Gewalt. Mehr dazu hier: borderline-europe: Syrischer Geflüchteter auf Lesbos zu 52 Jahren Haft verurteilt; https://www.borderline-europe.de. Und: The Intercept, Zach Campbell: The Wrong Catch. 16. September 2017; https://theintercept.com/.

in einem libyschen Folterlager oder in einem überfüllten Schrottboot auf dem offenen Meer zu kauern, als einen PCR-Test bei der Einreise zu machen.[27] Mit dem Asyllagebericht zu Afghanistan ließ man sich nach dem überstürzten Truppenabzug Zeit, damit man, bis die Taliban in Kabul standen, dorthin abschieben konnte. Jetzt werden dort 15-jährige Mädchen zwangsverheiratet und zu Gebärmaschinen für psychopathische Gotteskrieger gemacht. Immerhin freut sich die Bundesregierung über boomende Rüstungsexporte. Wenig später sind wir dann über all diese Kriegsflüchtlinge überrascht. Da kommen sie also, die *Horden junger Männer*! Es bietet sich an, mal kurz darüber nachzudenken, warum es nicht mehr Frauen, Kinder, Alte und Schwache nach Europa schaffen, denn sie fliehen nicht weniger oft als junge Männer. Allerdings entscheidet nicht die bloße Schutzbedürftigkeit, wer in der EU ankommt. Für Frauen ist der weite Weg oft schwieriger zu bestreiten, da sie direkte Fürsorgeverantwortung für jüngere und schwächere Verwandte tragen. Auf den Fluchtrouten werden sie Opfer von Menschenrechtsverletzungen und sexualisierter Gewalt. Wegen all der Grenzzäune, Barrikaden und der lebensgefährlichen Reise muss man viel Geld für Schlepper bezahlen. Natürlich gelingt der Grenzübertritt eher den in Relation wohlhabenderen, gesünderen und risikobereiteren Männern.[28] Die Frauen sitzen in ihrer Heimat oder irgendwo auf der Strecke fest und ihr Schicksal wird unter den Teppich gekehrt. Die Behauptung, es seien nur junge Männer unterwegs, ist eurozentristisch und sexistisch. Wir sind nicht einmal gleich, wenn wir um unser Leben rennen.

Womit wir auch beim nächsten Streitpunkt wären, denn die menschengemachte Mittelmeer-Misere ist nicht das Einzige, was mich zur Weißglut treibt. Bei vielen Belangen fällt es mir schwer zu sagen, wann sie mich mal nicht in Rage versetzen. Letztens habe ich wenigstens herausgefunden, wie lange das noch mindestens so gehen wird: schlappe 136 Jahre. Denn schon so bald werden wir beim aktuellen Tempo die Gleichstellung von Frauen und Männern erreicht haben.[29] Hurra! Ich würde fast darauf wetten, dass es nicht nur meine Lebenserwartung ist, die mich diesen Tag nicht erleben lassen wird, sondern dass bis dahin die Erde so kaputt gerodet, verbrannt und vergiftet wurde, dass man sich die Gleichberechtigung an den am Boden liegenden Menschheitshut stecken kann. Passenderweise bringt mich alsbald ein mitteilungsbedürftiger Alkoholfachverkäufer noch weiter auf die Palme, als er mich tumb schmunzelnd wissen lässt: »Das Bier ist aber doch sicherlich für Ihren Gatten, hähä.«

»Es ist 2022. Ich kann ganz ohne männliche Unterstützung Bier trinken. Glauben Sie mir das ruhig.«

Er glaubt es mir nicht und sein Blick rät mir zu Frauengold.

Auch in diesem Jahrhundert leben wir immer noch in einer von Sexismus geprägten Welt, in der Frauen ständig und überall benachteiligt werden. In ganz Gallien? Ja! Bis zum heutigen Tage hat nicht ein einziger Staat *gender equality* erreicht. Null. In Zahlen: 0. Frauen sind nicht im Vollbesitz von Reproduktionsrechten, dafür sind sie schlechter bezahlt und genießen (ha!) geringere Bildungschancen.

Sie haben weniger Freizeit, während sie einen ungleich höheren Anteil unbezahlter Care-Arbeit leisten. In so ziemlich jedem wirtschaftlichen und gesellschaftlichen Bereich sind Frauen geringer gestellt als Männer. Wie sollte es auch anders sein? Seit Simone de Beauvoir Frauen als *das andere Geschlecht* beschrieb, das sich immer bloß vom Männlichen ableiten lassen darf, hat sich kaum etwas geändert. Die Welt ist nicht für Frauen gemacht, weil wir die Unverfrorenheit besitzen, keine Männer zu sein. Wir haben uns an die Welt anzupassen, nicht umgekehrt.

Frauen werden nicht mitgedacht, daraus ergibt sich nicht nur die Annahme, wir hätten Rechte nicht so nötig wie Männer (weltweit haben Frauen im Durchschnitt nur 75 Prozent der gesetzlichen Rechte von Männern, wobei Frauen oft nicht einmal bewusst ist, dass sie überhaupt das Recht haben, Nein zu sagen),[30] sondern auch eine riesige geschlechtsbezogene Datenlücke. Diese Herabsetzung der Frau auf eine Art Unterart des Mannes ist verflixt gefährlich für uns, mitunter lebensgefährlich. Angefangen bei ärgerlichen technischen Designs wie der Größe von Handys oder Spracherkennungsprogrammen, die auf männliche Nutzer getrimmt sind, über Besteuerungssysteme, die Frauen finanzielle Unabhängigkeit erschweren, Stadtplanungen, die nicht auf unsere Bewegungsmuster ausgelegt sind und somit viel Zeit und Nerven kosten, bis hin zur Verkennung weiblicher Anatomie, die zu weniger Sicherheit am Arbeitsplatz führt oder dazu, dass Frauen eine um 17 Prozent höhere Wahrscheinlichkeit haben, bei einem Autounfall zu sterben. Auch medizinische Forschung und Vorsorge sind auf männliche Körper und Stoffwechsel zugeschnitten, mit verheerenden, wenn auch nicht überraschenden Folgen für Frauen – das Ignorieren unserer weiblichen Existenz macht eben diese zum Spießrutenlauf.[31]

Ich soll nicht heulen, weil die Sprachsteuerung im Auto nicht auf meine Stimmlage hört? Hier ist ein Grund zum Heulen: Der Bevölkerungsfonds der Vereinten Nationen (UNFPA) weiß zu berichten, dass nahezu die Hälfte der Frauen und Mädchen in Ländern des Globalen Südens keine Entscheidungsgewalt über ihren eigenen Körper haben, auch nicht darüber, ob sie Sex haben wollen oder nicht.[32] Womit, wenn es dazu kommt, in einer Unzahl von Fällen von Vergewaltigung zu sprechen ist.

Viel zu oft und wie selbstverständlich werden Frauen verachtet. Man braucht dafür nicht in die Ferne zu schauen und über die Zustände woanders den Kopf zu schütteln. Deutschland pflegt ein tipptopp Vermächtnis von eingefleischtem Frauenhass. Nietzsche und Schopenhauer haben als zwei der bedeutendsten Autoren ihrer Zeit im deutschsprachigen Raum mit ihren misogynen Schriften Maßstäbe gesetzt. Wer jetzt entnervt schnaubt, weil sich doch in den letzten Jahren und Jahrzehnten so einiges für die Gleichberechtigung getan habe, der*die darf sich gern selbst ohrfeigen und die Gönnerhaftigkeit für sich behalten. Es wird mir nicht einfallen, dafür dankbar zu sein, dass wir nur noch bis zur Unterlippe in der Scheiße stehen.

2020 wurden vom Bundeskriminalamt 146.655 Fälle von

Partnerschaftsgewalt in Deutschland gezählt. 80,5 Prozent der Opfer waren Frauen (wobei nach Schätzungen nur einer von drei Fällen häuslicher Gewalt tatsächlich zur Anzeige gebracht wird).[33] Wie wenig wichtig das Problem genommen wird, sieht man an den Zahlen der Frauenhausplätze. Rechnet man nach der empfohlenen Quote des Europarats, dann fehlen mehr als 14.000 solcher Plätze in der Republik.[34] *Danke, Deutschland?* Ich glaube nicht.

Es werden zwar generell mehr Männer als Frauen getötet (fast ausschließlich von anderen Männern), aber wenn wir uns die Statistiken für Tötungsdelikte in Partnerschaften anschauen, dann sieht es wieder ganz anders aus. Genau dort, wo man sich mehr als überall sonst sicher fühlen können sollte, werden Frauen wegen ihres Frau-Seins umgebracht. Diese Tötungen von Frauen im Kontext geschlechtsbezogener Gewalt und aufgrund von tief liegendem Frauenhass sind so häufig, dass sie mittlerweile (endlich!) einen eigenen Namen haben: Femizide.[35] Nach der letzten Erhebung der UN wurden 2017 weltweit mindestens 87.000 Frauen vorsätzlich getötet. In Mexiko fallen zehn Frauen pro Tag einem Femizid zum Opfer.[36] Auch in Deutschland versuchen jeden Tag Männer ihre Partnerin oder Expartnerin umzubringen. An jedem zweiten Tag gelingt es einem.[37] »Eifersuchtsdrama« oder »Familientragödie«, titelt man mit dicken Ausrufezeichen und der automatischen Frage, was – oder besser *wie sie* – den verstörten Kerl dazu gebracht haben möge. Das ist für den gesellschaftlichen Diskurs ziemlich bitter, aber auch im deutschen Strafrecht gibt es für Femizide herzlich wenig Bewusstsein. Folglich tut sich kaum etwas, um auf Frauen gemünzte Hassverbrechen zu verhindern oder als solche zu bestrafen. Wenn Frauen über Jahre drangsaliert und letztendlich umgebracht werden, wird das nicht zwangsläufig als Tötung und erst recht nicht als Mord, sondern viel zu oft als Körperverletzung mit Todesfolge geahndet.[5] Weil, und jetzt schnallen Sie sich an, der Mann die Frau ja »nur« misshandeln wollte und keinen Vorsatz zur Tötung hatte. Zusätzlich fassen die Gerichte an besonders männerverherrlichenden Tagen die »emotionale Notlage« des Täters als mildernden Umstand auf: Der arme Tropf tötete in hilfloser Eifersucht die geliebte Frau. Und die dusslige Schachtel hätte sich nach all den Prügeln, die sie schon eingesteckt hatte, sowieso denken können, dass es gefährlich für sie werden könnte.[38] Wenn man als Richter*in erklärt, dass »die Trennung von dem Tatopfer ausgeht und der Angeklagte durch die Tat sich dessen beraubt, was er eigentlich nicht verlieren will«, redet man nicht nur Leidenschaft herbei, statt Machtgier und Niedertracht zu benennen, sondern schiebt die Schuld dem Opfer zu.[39] Die Annahme, dass man es für alle Beteiligten als gegeben voraussetzen könnte, dass eine Frau das Recht hat, ein unabhängiges und selbstbestimmtes Leben zu führen, das über

---

5 Fun Fact: Ehrenmorde, also Femizide, die nicht von geschätzten *weißen* Deutschen verübt werden, sondern von Männern aus religiösen oder ethnischen Minderheiten, werden in der Regel härter bestraft. Und nein, Rassismus und Islamophobie werden nicht besser, wenn sie aus Versehen mal Arschlöcher treffen. Gewaltbereitschaft ist keine Frage der Herkunft oder Religion, sie ist eine Frage des Geschlechts. Siehe dazu: Julia Kasselt: Ehre im Spiegel der Justiz. Eine Untersuchung zur Praxis deutscher Schwurgerichte im Umgang mit dem Phänomen der Ehrenmorde. Berlin 2016.

die Besitzansprüche eines Mannes hinausgeht, war dann doch zu neumodisch für den Bundesgerichtshof. Nach diesem Präzedenzfall, der 2008 verhandelt wurde, heißt es bei einem Trennungstötungsfall nun oft, dass weder Heimtücke noch niedere Beweggründe des Täters im Spiel waren. Blöd, denn das wären die Voraussetzungen, um ein Urteil wegen Mordes auszusprechen. (Andersherum ist Heimtücke fast immer Bestandteil von Urteilen über sogenannte »Haustyrannenmorde«, wenn eine Frau den misshandelnden Partner tötet.)[40]

Dagegen könnten mal alle vor Zorn bebend auf die Straße gehen. Passiert aber nicht. Und doch gibt es sie, die aufgebrachten Demonstrant*innen, denen jetzt plötzlich auch mal was zum Thema Grundrechte einfällt. Wie etwa all die unterjochten Menschen, die im Zuge einer globalen Pandemie dazu angehalten sind, Mund und Nase zu bedecken, um ein potenziell tödliches Virus nicht mit ihren Spucketröpfchen zu verbreiten. Sie sind dann fürchterlich eingeschränkt und insistieren auf der Freiheit ihrer Gesichter anstatt auf der Abschaffung eines Systems, in dem Krankheit und der resultierende (auch finanzielle) Schaden Arme und Marginalisierte stärker trifft als andere. Die Prioritäten sind gesteckt und die Reichsflagge ist schnell gehisst.

Derweil redet kaum jemand darüber, wo das Virus herkommt und warum wir uns auf mehr davon gefasst machen können. Der Volkssport Pandemien kommt gerade erst richtig in Schwung. In den letzten Jahrzehnten traten neue Infektionskrankheiten immer häufiger zutage, seit den 1980ern verdreifachte sich die Anzahl solcher Noviзenausbrüche in jeder Dekade. Mehr als zwei Drittel dieser Krankheiten haben ihren Ursprung bei Tieren, und etwa 70 Prozent davon stammen wiederum von Wildtieren.[41] In der Hall of Fame dieser Zoonosen (Infektionskrankheiten, die auf natürliche Weise zwischen Mensch und anderen Wirbeltieren übertragen werden können) finden sich infektiöse Evergreens wie HIV, Ebola, die Vogel- und Schweinegrippe und nun auch SARS-CoV-2. Die Schuld sollte man tunlichst nicht den übertragenden Tieren in die Schuhe schieben. Es ist der Mensch, der mit dem unermüdlichen Abholzen der Regenwälder die besten Verbreitungschancen für zoonotische Krankheiten bereitet. Sei es das Roden für den Holzgewinn, für den Platz für Viehzucht und Viehnahrung, zum Jagen, zum Erschließen von allerlei Ressourcen, zum Straßenbau oder im Zuge der Verstädterung. Tiere verlieren ihren Lebensraum und werden sowohl mit anderen Tieren als auch mit Menschen dichter zusammengedrängt, bis unausweichlich mehr ihrer Viren auf den Menschen übergehen. Die meisten dieser Krankheitserreger kennen wir noch nicht, aber wir können uns leider sicher sein, dass dies nicht die letzte globale Gesundheitskrise war. Dabei besteht durchaus die Möglichkeit, dass das nächste Virus Covid-19 ziemlich zahm aussehen lassen wird.[42]

Angebracht wäre es wohl, nach den zermürbenden Corona-Monaten zu überlegen, ob eine Wiederholung beziehungsweise Schlimmeres nicht lieber unter allen Umständen vermieden werden sollte. Oder aber man spart sich den Gedanken und verdoppelt stattdessen den Holzeinschlag im Amazonas. Raten Sie mal, wofür man sich entschieden hat. Richtig, während die Verfolgung illegaler Abholzung quasi ausgesetzt ist und Umweltschutzorganisationen und indigene Völker vor allem in Brasilien erheblich beeinträchtigt wurden, warnen Wissenschaftler*innen längst davor, dass dieser Lebensraum in Bälde kippen könnte. 17 Prozent des Amazonas sind bereits verloren, eine ebenso große Fläche ist geschädigt. Der Kipppunkt dieses Ökosystems liegt bei einer Vernichtung von etwa 20 Prozent der Gesamtfläche.[43]

Man könnte sich jetzt darüber aufregen, dass die Brasilianer*innen einen solch rüden Raubbau an den Wäldern betreiben, wäre da nicht dieser unpassende Bericht über »Die anhaltenden Auswirkungen des EU-Verbrauchs auf die Natur«, der importierte Entwaldung aufdeckt. Zu einem massiven Teil ist es das europäische Verlangen nach Rindfleisch, Viehfutter und Kaffee, dass den Wald schwinden lässt. 16 Prozent (203.000 Hektar) des weltweiten Tropenschlags gehen aufs Konto der EU. Davon wurden 43.700 Hektar Wald allein für Deutschland vernichtet. Die EU liegt damit auf Platz zwei der weltweit größten Waldvernichter und hat dadurch indirekt 116 Millionen Tonnen an CO_2-Emissionen verschuldet. Den Spitzenplatz der Waldzerstörer belegt China mit einem 24-prozentigen Anteil, allerdings auch mit einer fünfmal größeren Bevölkerung.[44]

Wer hat Kapazitäten für noch einen Schwung schlechte Laune? Ich habe hier noch etwas mehr der planetaren Katastrophe parat: Klimaerwärmung, Dürren, steigende Meeresspiegel, Gletscher- und Polkappenschmelze, Verschiebungen von Klimazonen, Waldbrände, Überschwemmungen, Stürme, Versauerung und Vermüllung der Meere, Überfischung und Korallensterben. Wir beschmutzen nicht das eigene Nest, wir machen es zunichte. Laut dem Weltbiodiversitätsrat IPBES sind 23 Prozent der Landfläche schon jetzt ökologisch heruntergewirtschaftet und unnutzbar. Die Zerstörung von Küstengebieten gefährdet die Lebensgrundlage von bis zu 300 Millionen Menschen. 85 Prozent der weltweiten Feuchtgebiete sind bereits zerstört. Seit 1990 sind etwa 420 Millionen Hektar Waldfläche vernichtet worden. Das globale Artensterben schreitet mit einer Schlagzahl voran, die durchschnittlich zehn- bis hundertmal höher ist als die der vergangenen zehn Millionen Jahre. In den letzten 50 Jahren haben wir die Größen weltweiter Tierpopulationen um mehr als 60 Prozent dezimiert.[45] Mittlerweile sind 25 Prozent der Tier- und Pflanzenarten vom Aussterben bedroht.

Als größter Umweltzerstörer und schwerwiegendste Ursache für das rasante Artensterben gilt die industrielle Landwirtschaft tierischer »Produkte«.[46] Weltweit werden jedes Jahr 72 Milliarden Tiere gezüchtet und geschlachtet, das sind mehr als 200 Millionen Tiere am Tag.[6] Diese Industrie verursacht 29 Prozent des weltweiten Frischwas-

---

6 Wenn man Wildfänge und Zuchtfische miteinrechnet, kommt man auf drei Milliarden Tierleichen täglich. Jedes Jahr werden demnach über 1,2 Billionen (das sind 1200 Milliarden … 1.200.000.000.000) Wassertiere getötet. Siehe dazu: Sentient Media, Grace Hussain: How Many Animals Are Killed for Food Every Day? 17. Dezember 2021; https://sentientmedia.org.

serverbrauchs.[47] Nicht nur muss der Wald den Herden und dem für sie benötigten Futteranbau weichen, zusätzlich vergiften Düngung und Pestizide die Umwelt. Die Zucht und Haltung von Tieren sind für bis zu 51 Prozent der globalen Treibhausgasemissionen verantwortlich – das ist mehr als die Abgase aller Transportmittel zusammen.[48]

Was wäre denn eine angebrachtere Reaktion als Wut, wenn jemand wie Julia Klöckner nicht nur Lobby-Königin und Verfechterin der Massentierhaltung, sondern obenauf noch Landwirtschaftsministerin sein darf?[49] Dies ist auch mein Planet und ich würde ihn wirklich gerne behalten. Nur so wird das nichts. Mit einer durchschnittlichen Erderwärmung um 2 Grad ist hier so gut wie alles im Eimer. Das Erreichen des Kipppunkts wird zu einem noch rasanteren Anstieg der globalen Durchschnittstemperatur führen und die Klimakatastrophe damit komplett unbeherrschbar machen. Wenn wir weitermachen wie bisher, dann haben wir nicht nur die Natur zerstört, sondern gefährden die Voraussetzung für unser eigenes Leben. Selbst wenn wir es schaffen, die Erderwärmung auf 1,5 Grad zu begrenzen, werden bis 2050 allein die Folgen von Wüstenbildung und Wassermangel für 178 Millionen Menschen unmittelbar existenzbedrohend sein, bei 2 Grad wären es schon 220 Millionen.[50] Schade nur für alle, die rechnen können, dass die bis 2030 weltweit geplante Produktion fossiler Brennstoffe sich zu mehr als 120 Prozent von dem summiert, was zum Erreichen des 1,5-Grad-Ziels führen würde. Selbst wenn sämtliche Staaten ihre angestrebten Emissionsreduktionen umsetzen würden, landeten wir trotzdem noch bei einem Anstieg der Durchschnittstemperatur von 3 bis 4 Grad.[51] Doch auch die fundiertesten aller Prognosen zur menschengemachten Apokalypse treffen auf bescheidene Resonanz und wir fahren, fliegen, feilschen und fressen uns ungerührt dem Untergang entgegen. Wir sind des Wahnsinns fette Beute.

Egal ob tödliches Grenzregime, gesellschaftsfähige Misogynie oder profitgierige Umweltzerstörung – ich rege mich auf. Hauptsache nicht egal. Denn all das macht mich zwar unfassbar sauer, aber die Wut lässt mich nicht hilflos zurück, im Gegenteil. Wenn ich wütend über *hässliche Bilder* bin, dann erkenne ich, was ich dagegen tun kann und muss. Ich erspare mir und anderen das verräterische Kunststück, mich damit abzufinden. Wenn ich nicht vor Schock erstarre, weil jemand glaubt, meine Vulva mache mich zu einem Menschen zweiter Klasse, sondern ich vor Wut koche, dann kann ich mich dem entgegenstellen. Anstatt beim Anblick gerodeter Wälder und trockengelegter Moore traurig den Kopf zu senken, kann ich das, was sie zerstört, ächten und dagegen angehen. Ohne diesen inbrünstigen Widerspruch wären die Momente des Verlusts, der Erniedrigung und der Absage allumfassend. Die Wut macht sie zu meinen und wandelt sie in eine innige Verweigerung des Bestehenden. Sie verkörpert die Verneinung einer pathologischen Gesellschaftsordnung und ein Beharren auf Mündigkeit und Beteiligung. Nicht wütend zu werden, wäre feige und selbstzerstörerisch zugleich. Der entbrannte Zorn wiederum beinhaltet eine Vision von der

Zukunft und lässt sich konstruktiv und für strukturelle Veränderungen nutzen. Man darf den Sinnspruch der Aufklärung hier also noch etwas weiterführen: Habe die Wut, dich deines eigenen Verstandes zu bedienen. Das ist nicht nur dem psychischen Wohlbefinden ausgesprochen zuträglich, sondern auch die einzige Chance, dem ganzen Murks etwas entgegenzusetzen.

Bei aller zweckdienlichen Erregung gibt es selbstredend auch fruchtlose Wut. Wenn man sich den kleinen Zeh gestoßen hat und deswegen aus der Haut fährt, dann hat man wenig damit gewonnen. Aus bis heute ungeklärter Ursache komme ich nicht darauf klar, dass das M im Alphabet vor dem N steht – es ist mir richtiggehend zuwider und ist trotzdem für nichts gut. Und wenn ich Hunger habe, erbost mich sowieso alles, auch mal die Titelmelodie der Simpsons. Ein tieferer Sinn bleibt mir auch hier verborgen. Nicht jeder wütende Impuls muss sich zu einer weltanschauungsverändernden Schlussfolgerung erheben. Oft reicht es, den Türrahmen zu verfluchen, anstatt ihn niederzureißen. Im Falle von mörderischen Grenzen, umweltzerstörenden Wirtschaftssystemen und dem Patriarchat ist das wiederum eine ganz andere Sache.

Manchmal überkommen mich ausgefeilte Gewaltfantasien und ich will einfach nur zuschlagen, alles anzünden und abreißen. Mach ich aber nicht. Ja, ich kratze an Grenzfestungen, ich weise Leute harsch zurecht, die mich oder andere diskriminieren, aber ich *wüte* nicht unüberlegt. Ich bin kein gewalttätiger Mensch. Wer mich nach Rosamunde-Pilcher-esken Schicksalsjahren einer Kapitänin fragt, der kriegt nicht prompt eine gewischt. Dem Getränkehändler habe ich auch nicht in blinder Rachsucht meine Bierflasche an den Kopf geworfen. Ich habe nicht einmal Horst Seehofer oder Fabrice Leggeri mit einem Knüppel aufgelauert, obwohl mir die Vorstellung in manchem Moment außerordentlich gut gefällt.

Wut ist zunächst einmal nichts als eine Emotion und als solche wertfrei. Sie ist keine Handlung, kein Verhalten und erst recht gipfelt sie nicht automatisch in Gewalt, nicht einmal in Aggression. Das Lehrbuch lässt uns wissen, dass Wut, als intensivere Form des Ärgers, eine der menschlichen Grundemotionen ist. Sie kommt auf, wenn Menschen sich gekränkt oder enttäuscht fühlen, wenn sie physisch oder psychisch beeinträchtigt werden und sich in ihrer Integrität und Freiheit bedroht wähnen. Je deutlicher und beständiger man solche (vermeintlichen) Ungerechtigkeiten verspürt, desto prägnanter gestaltet sich dieser »Zustand hoher affektiver Erregung«.[52]

Emotionen haben einen evolutionären Sinn, denn sie erlauben uns schnell auf (lebenswichtige) Ereignisse zu reagieren. In diesem Fall versetzt eine Kaskade physiologischer Reaktionen unser Hirn und unseren Körper in einen Wachzustand und damit in Bereitschaft, mit einem Bedrängnis oder einer Bedrohung umzugehen. Der Puls steigt und die Amygdala triggert die Ausschüttung von Stresshormonen, während gleichzeitig in einer Feedback-Schleife die Situation kognitiv bewertet wird.[53] Psychobiologisch betrachtet, sind Wut und Ärger unsere eingebauten Alarmglocken, die anzeigen, wo unsere Grenzen überschritten wurden und was uns wichtig ist (körperliche Unversehrtheit bis in den Zeh, ästhetische Buchstabenfolgen, ein voller Bauch). Wut bewegt uns zum Handeln und dient damit dem Selbstschutz und der Selbstverteidigung. Sie signalisiert, dass wir uns ernst nehmen und etwas wert sind. Als wäre das nicht schon genug Grund zur Freude, vermuten Anthropolog*innen, dass die Wut zusätzlich deeskalierend wirkt. Sichtbare Wut lässt andere wissen, dass sie zu weit gegangen sind, bringt sie zur Räson oder schüchtert sie wenigstens ein. Im Bestfall besänftigt das den Konflikt, bevor es zum Eklat kommt.[54]

In der Psychologie wird die Wut manchmal vom Zorn abgegrenzt. Zornig ist der Mensch, wenn das Ärgernis nicht direkt und primär auf ihn bezogen ist. Der Grund des Zorns ist übergreifender und distanzierter als der der Wut. Wo der Wut eine unmittelbare Kränkung oder Bedrohung vorausgeht, wächst der Zorn, wenn ein Anspruch oder ein Bedürfnis versagt wird. Der Unterschied ist dann, *über* etwas sauer zu sein (struktureller Rassismus) anstatt *auf* etwas sauer zu sein (Türrahmen). Dies beantwortet die Frage, ob man solidarisch zornig sein kann mit einem klaren Ja. Es muss nicht immer nur mein höchstpersönlicher Zeh sein, es kann mir auch um dein Leben gehen. Jetzt, wo das einmal geklärt ist, wird dieser Text im Fortlauf für vokabularische Geschmeidigkeit Wut und Zorn synonym verwenden.

2

(Ver-)glühende Landschaften

Man sollte also meinen, es sei recht begrüßenswert, dass uns die Amygdala hin und wieder diese Wut zusammenpanscht. Falsch gedacht. Wo man die Wut erwarten sollte, tut sich eine Ödnis auf. Aber nun sind ja nicht alle Mitglieder unserer Gesellschaft rassistische Frauenhasser*innen, die den Planeten am liebsten schon morgen unbewohnbar gemacht hätten. Trotzdem tut sich nichts, zumindest nicht viel. Ich werde nicht behaupten, dass ich die Einzige bin, die wütend ist. Es gibt einige Gruppen und Individuen, die sich entschieden für oder auch gegen bestimmte Entwicklungen oder Zustände einsetzen und kräftig auf den Tisch hauen, weil es ihnen reicht. Das tun sie, wenn sie selbst von einer Ungerechtigkeit betroffen sind, genauso, wie wenn sie die Lebensbedingungen anderer inakzeptabel finden. Aber schaut man sich in der Breite der Gesellschaft um, dann kann einen die Befürchtung beschleichen, wir hätten uns kollektiv auf den Rücken gerollt, um dem Untergang zu harren. Dabei würden wohl die Allermeisten gerne weniger Ungerechtigkeit und Intrige sehen und auch sich selbst lieber nicht so sehr herumschubsen lassen. Mir zumindest ist keine Europäerin bekannt, die jauchzend in die Hände klatscht, weil sie weiß, dass sie eine 32-prozentige Chance hat, in ihrem Leben Opfer von körperlicher oder sexueller Gewalt zu werden.[55] Ich kenne auch keine Männer, die dem etwas Gutes abringen könnten. Auch die Quote derer, die vor Freude Purzelbäume schlagen, wenn der nächste Klimakatastrophen-Rekord gebrochen ist, scheint mir recht begrenzt. Ich bin mir sicher, dass Unzählige vieles für beklagenswert befinden. Ärgerliche und frustrierende Anlässe gibt es nun wirklich en masse. Und dann? Wut glüht und schwelt in ein paar dunklen Ecken, flackert kurz auf, um alsbald zu verglimmen. Es gibt viel Betroffenheit, die sogleich von Resignation gedämpft wird. Man windet sich um das zornige Gefühl herum, fasst es nur mit spitzen Fingern an und nimmt den Lauf der Dinge, halb bange, halb überanstrengt, hin.

Was bleibt all der gewalttätigen Aktivität und grausamen Passivität entgegenzusetzen? *Contenance!* Ein heißblütiger Meinungsaustausch ist nicht nur im gesellschaftspolitischen Kontext, sondern auch in Beziehungen und Freund*innenschaften unerwünscht. Es schickt sich nicht, die Menschen vor den Kopf zu stoßen. Sie müssen es von allein begreifen, ganz ohne Druck und Konfrontation.

Äh, Moment. Wollen wir wirklich auf diese okkulte Besserung der Menschheit warten? Darauf, dass, wenn wir nur artig genug im Stillen hoffen, alle eines schönen Morgens aufwachen und etwa ihren tiefverwurzelten Rassismus ablegen wie die Socken von gestern? Und möchten wir glauben, dass ein politisches oder persönliches Verhältnis durch fordernde Verlautbarungen an Substanz verliert?

Wütenden wird gern unterstellt, nicht gesprächsgewillt, konfliktfähig und reflexionsbereit zu sein. Oftmals gilt, wer wütend ist, ist nicht ernst zu nehmen, sondern lachhaft und neurotisch, wenn nicht gar verrückt oder gleich gemein und boshaft. Erzürnte Menschen sind zügellos, haben den Kopf verloren und sich nicht unter Kontrolle. Es handelt sich beim Wütendsein scheinbar um eine primitive, ungesittete Gefühlslage. Schon Seneca urteilte vor 2000 Jahren, dass Wut eine *kurze Geisteskrankheit* sei.[56] Die Vehemenz des Anliegens wird mit Kompromisslosigkeit gleichgesetzt. Dabei wird völlig außer Acht gelassen, dass der Status quo oft kein Kompromiss ist, im besten Fall ein fauler, der für wenige Auserwählte funktioniert. Die Auswirkungen von Migrationsabwehr und Rassismus, der Klimakatastrophe und Sexismus zeugen ja nicht gerade von einem Übermaß an gegenseitigen freiwilligen Übereinkünften.

Wenn Wut nun mal eine der menschlichen Grundemotionen ist und es für sie im Normalfall einen Anlass gibt, wie die Missbilligung eines Zustands oder ignorierte Ansinnen, dann stellt sich doch die Frage, warum sie so verpönt ist. Es scheint doch eher kontraproduktiv, die Wut mit ihren wichtigen Funktionen aus unserem Miteinander zu verbannen. Nicht nur müsste man sich selbst etwas mehr der Wut erlauben, letztlich ist man sie sogar den anderen schuldig. Nur, wer darf überhaupt wütend sein? Ich als Frau schon mal nicht. Dort, wo ein wutentbrannter Mann selbstbewusst überzeugt, ist eine wütende Frau hysterisch (aus den Untiefen ihres arglistigen Uterus heraus, ὑστέρα).[7] In dieser unterschiedlichen Wertung von Wut liegt eine lange Tradition. Auch Francis Bacon, einer der großen Vordenker der Aufklärung, beschrieb den Ingrimm im 17. Jahrhundert als eine *Art von Niedertracht*, die sich in der Schwäche zeige und ihm zufolge somit *Kinder, Frauen, Alte und Kranke* übermanne.[57] Ob es Zufall ist, dass der alte Bacon hier nicht von per se Schwachen, sondern von verhältnismäßig Machtlosen, Unterdrückten und/oder Entrechteten spricht? Rasende Männer konnten zu dieser Zeit übrigens noch Hexen verbrennen, ganz ohne deswegen niederträchtig zu sein.[58] Über die Jahre sind wir da nicht viel weiter gekommen. Samuel Cartwright, Arzt und Pseudowissenschaftler aus Louisiana, ersann 1851 die *Drapetomanie*, eine Geisteskrankheit, die seltsamerweise ausschließlich Schwarze Sklav*innen ergriff und nicht mehr als die Manifestation ihrer Wut war. Die ersten Symptome waren ein *mürrisches und unzufriedenes* Auftreten, das sie bei vollem Ausbruch der »psychischen Störung« dazu veranlasste, wegzulaufen.[59] Fast zeitgleich gründete sich in Tennessee die rassistische Terrororganisation Ku-Klux-Klan mit ihrem Großen Hexenmeister Nathan Bedford Forrest. Ein Name, der so deutlich für »geistige Ge-

7 Vor ca. 2000 Jahren kamen Männer auf die glorreiche Idee, dass Frauen, die sich nicht stillschweigend unterwarfen, an psychischen Problemen leiden müssten. Schuld daran sei – da war sich selbst Hippokrates sicher – die Gebärmutter (altgriechisch: ὑστέρα *hystéra*), die, wenn sie nicht regelmäßig mit Samen gefüttert werde, im Körper herumwandere und sich auch mal im Gehirn festbeiße [sic!]. Das sexistische und bis heute gängige Konzept der »Hysterie« war geboren. Mehr dazu hier: Femeda, Vera Mehringer: »Tut mir leid, meine Gebärmutter ist wieder ins Gehirn gerutscht.«, https://www.femeda.de.

sundheit« stand, dass eine High School in Florida ihn bis ins Jahr 2014 trug.[60]

Auch heute jubeln und grölen die Massen zur geifernden Hetze von Demagogen. Und selbst die, die etwa Donald Trumps Hassreden inhaltlich klar verurteilten, schienen dabei an seiner Gemütslage nicht viel auszusetzen zu haben. Mit Schwäche wurde schon mal gar nicht assoziiert. Einer wie Trump ist *authentisch* und kommt mit *geschärfter Rhetorik* und *scharfer Kritik an der Presse* daher.[61] Jair Bolsonaro, der findet, dass *sehr hässliche Frauen* es nicht verdient hätten, vergewaltigt zu werden, und auch, dass Lesben, Schwule und Transsexuelle erschossen werden sollten, leidet nicht an geistiger Umnachtung, sondern schafft es, sich *als Kämpfer zu inszenieren.*[62] Ein Zustand mentaler und emotionaler Unzurechnungsfähigkeit wird mächtigen *weißen* Männern nicht unterstellt, wenn sie wütend sind.

Nun trauen Sie sich aber mal, als erfolgreiche Profisportlerin gegen eine unfaire Behandlung zu protestieren. Tun Sie das einfach auf ähnliche Art wie zig Ihrer männlichen Kollegen, oder sprechen Sie als Aktivistin vor den bornierten Rängen des UN-Klimagipfels. Da sind Sie nicht mal fertig damit, Ihrem Ärger Luft zu machen, und schon als *emotional*, *unverfroren*, *abschreckend* und *verzweifelt* demontiert.[63] Wenn Sie dazu noch ein junger Mensch wie Greta Thunberg sind, kriegen sie obendrein die Hormon-Wirrungen eines vernunftlosen Teenagers unterstellt, ganz gleich, wie sehr Sie sich auf wissenschaftliche Erkenntnisse beziehen. Als Schwarze wie Serena Williams haben Sie fast gar keine Schnitte mehr. Das rassistische Klischee der

»wütenden schwarzen Frau«[8] ist schneller zur Hand, als Sie »I stand for what is right« sagen können.[64] Wenn wir jetzt noch die finanziell und sozial gehobene Stellung unserer beispielhaften Frauen herausrechnen, wie vermessen wäre ihr zorniger Einspruch erst dann? Was passiert mit einer jungen Frau, Schwarz und im Niedriglohnsektor beschäftigt, die sich bei der Firmenleitung energisch für sichere Arbeitsbedingungen einsetzt? Richtig, sie verliert den Job aufgrund ihrer *schlechten Verhaltensweise*.[65]

Es wird gesellschaftlich entschieden, bei wem Wut und ihr Ausdruck probat sind. Wer nicht auf dieser imaginären Liste steht, ist nichts als irrational und gefühlsbetont. Obwohl unsere Emotionen nicht nur eine Reaktion auf unsere Mitwelt sind, sondern ebenso auf rationales Denken, wird uns suggeriert, dass Gefühle ins private Kämmerlein gehören, weil sie sonst die Vernunft auszubooten drohen.[66] Viele bewegen sich mit diesem Manko qua Gruppenzugehörigkeit behaftet durch ihr persönliches und politisches Umfeld.

Wut ist das moralische Eigentum *weißer* Männer und Jungen. Die den Frauen und Mädchen angediehene Aufgabe ist es, für das Wohlgefühl aller zu sorgen, nicht ihre Umgebung herauszufordern. Darum dürfen wir die Wut weder als Selbstschutz und Verteidigung noch für unsere politischen Auseinandersetzungen nutzen, sondern sollen uns gefälligst auf die Zunge beißen. Es sei denn, eine wütende

---

8 Richtig, das Klischee hat mit emanzipatorisch genutzten Selbstbezeichnungen nichts am Hut und schreibt »Schwarz« fälschlicherweise klein.

Frau ist *weiß* und zielt mit ihrem Zorn auf jemanden mit einem noch niedrigeren sozialen Stand wie Schwarze, People of Colour, Ärmere oder Menschen mit Behinderung, das ist dann wieder erlaubt. Der ideale Politiker hingegen sollte leidenschaftlich sein, nicht kalt und blutarm. Der Unterschied liegt in der Bewertung seines Auftretens, das hier nicht als Emotionalität kategorisiert wird. Bei Männern kann ein wütender Auftritt sehr wohl dazu führen, dass sie an Einfluss gewinnen. Frauen, die es ihnen gleichtun, verlieren dabei an Geltung, selbst wenn sie identische Argumente vorbringen.[67] Männliche Emotionalität, und damit auch ihre Wut, wird als eine hervorragende Charaktereigenschaft und als Attribut interpretiert, anstatt als exzentrische, weibische Wallung abgetan zu werden. Auch in einen Mann kann sich mal das eine oder andere Gefühl verirren, seine Ratio wird davon aber nicht angetastet. Bei der Frau hingegen bestimmt die Emotion ihr ganzes Wesen. Da ist es nicht überraschend, dass für viele Männer Wut mit dem Gefühl von Überlegenheit einhergeht, wohingegen Frauen sich in ihrer Wut eher ohnmächtig fühlen.

Eine Studie mit angehenden Lehrer*innen in den USA zeigte, dass sie Schwarze Kinder eher als wütend erachten als *weiße* Kinder.[68] Erwachsene Schwarze Frauen müssen eigentlich überhaupt nichts tun und werden automatisch als bedrohlich und aggressiv abgestempelt. Ihr Verhalten wird von vornherein als launisch, unlogisch, anmaßend, feindselig und ignorant gewertet.[69] Eine Wahrnehmung, die sich potenziert, sollten sie es einmal wagen, tatsächlich ihren Zorn zu offenbaren.

In diesem Perpetuum mobile der Abwertung gilt die Wut als grundsätzlich vorherrschend und als grundsätzlich unangemessen – weil sie als typisch Schwarze Emotion kartografiert ist. Da der Zorn nur bei einigen als ein alles andere überschreibender Zustand gelesen wird, erfährt er auch nur dort eine Degradierung. Diese Andichtung von übersteigerter Emotionalität führt dazu, dass Betroffenen die Vernunft und mithin das Politische abgesprochen wird. Die Delegitimierung ihrer Emotionen delegitimiert die Personen selbst sowie ihr Handeln.[70]

Dieses Prinzip lässt sich auch wunderbar rückwärts anwenden. Wenn man Taten und Errungenschaften einer erbosten Person im Rückblick als positiv bewertet, dann betreibt man flugs etwas Geschichtsrevision und löscht die Wut aus der Historie. Erzählungen über Rosa Parks bemühen oft das Bild einer alten afroamerikanischen Schneiderin, die auf dem Heimweg so müde war, dass sie den Sitzplatz im Bus nicht für *Weiße* freigeben mochte und mit ihrer würdevollen, ruhigen Art beinah aus Versehen das »Civil Rights Movement« anstieß. *Well, you are telling it wrong*. Parks, eine damals 42-jährige Frau voller Kampfgeist, die sich mit anderen Mitgliedern der NAACP (National Association for the Advancement of Colored People) aktivistisch organisierte, betont, dass sie keinesfalls an erschöpften Gliedern litt. »Nein, das Einzige, dessen ich müde war, war nachzugeben.«[71] Verschweigt man ihre zornige Emotionalität (die sich aus ihren kognitiven Fähigkeiten und dem Erleben einer zutiefst rassistischen Gesellschaft ergab), dann braucht man sich selbstredend auch nicht mit dieser Wut auseinanderzusetzen oder ihr gar eine Berechtigung einzuräumen. Die weichwaschende Mystifizierung von Parks schiebt den Rassismus in die Vergangenheit ab und man spart sich die Einsicht, dass ihre wütenden Beweggründe noch heute Gültigkeit haben. Nicht ohne Grund ist NAACP weiterhin aktiv.

Ungeachtet dessen, dass Gefühle wie Trauer, Angst und vor allem Wut das allzu reale Resultat von Benachteiligung und Unterdrückung sind, soll man sich in einer Diskussion von aller Emotionalität lösen, als könnte die Unterhaltung sonst niemals konstruktiv sein. Dieses *Tone Policing* macht Gespräche über Diskriminierung und strukturelle Probleme für Betroffene zu einem endlosen Eiertanz. Wenn man sich einem diskursiven Regelwerk beugen soll, wonach die Wut bestimmter Personen zu zügeln und zu verstecken sei, und wenn man ansonsten dafür bestraft wird, diese Gefühle zu äußern, dann wird damit die Ungleichheit unsichtbar gemacht und der Unterdrückung weiter in die Karten gespielt.[72] Die Marginalisierung wütender Menschen beruhend auf Klasse, Alter, Geschlecht, Ethnizität usw. gibt dem Zorn damit ein inhärentes gesellschaftspolitisches Moment.

Wut hat etwas mit Macht, Status und Hierarchien zu tun, mit einem Machtunverhältnis, das zu der Wut führt und gleichzeitig dafür sorgt, dass Forderungen nicht als legitim akzeptiert werden und das Machtgefälle somit aufrechterhalten wird. Es ist nicht verwunderlich, dass Wut oft die Gemütslage derer darstellt, die sozialer Ungerechtigkeit und Bevormundung ausgesetzt sind und regelmäßig diskriminiert werden. Wenn diese Diskriminierung von der Gesellschaft nicht einmal anerkannt wird, dann schwillt die Wut erst recht. Im Gegenzug wird der wachsende Groll ins Lächerliche gezogen und verteufelt, damit alles beim Alten bleibt. Praktisch. So wird selbst eine Emotion zum Privileg.

Aufgrund des erhobenen Anspruchs auf ein betont unverbindlich-freundliches Klima und der Wut als ausgeschriebener No-go-Area für bestimmte Menschen werden kontroverse Themen und Problematiken gleich ganz gemieden. Man muss nicht Tiefenpsychologie studiert haben, um einzusehen, dass man Menschen mit Abweisung und durch geflissentliches Überhören ihrer Anliegen mundtot macht. Wenn wir die Wut aller zuließen, dann würden beispielsweise öffentlich beachtete feministische Debatten nicht vornehmlich von *weißen* Frauen des Bildungsbürger*innentums gefochten werden. Dass ihnen leichter Gehör zuteilwird (aufgrund ihres Status und des Ausmaßes ihrer Zielsetzungen) als Frauen anderer Hautfarbe oder Herkunft, mit anderem sozialem und/oder kulturellem Hintergrund, führt dazu, dass das Spektrum feministischer Perspektiven und Bestrebungen höchstens bruchstückhaft abgebildet wird. Sich etwa bei der Forderung nach Reproduktionsrechten auf den Ruf nach der Legalisierung von Abtreibungen zu beschränken, bedeutet, Genitalverstümmelung und Zwangsheiraten oder die hohe Sterberate von werdenden Müttern, die Schwarz oder of Colour sind (und daher nicht ernst genommen werden, wenn sie während der Schwangerschaft Komplikationen erleben), als reale Bedrohungen im Leben zahlloser Frauen außer Acht zu lassen.

Die Tatsache, dass viele Frauen nicht nur singulär benachteiligt werden, geht bei solchen Betrachtungen als Erstes unter. Kimberlé W. Crenshaw hat das in ihrem legendären Artikel *Demarginalizing the Intersection of Race and Sex* mit dem Begriff der Intersektionalität festgezurrt.[73] Das Konzept beschreibt die Dynamiken von systemischen Ungleichheiten aufgrund von Geschlecht, Klasse, Herkunft, Behinderung usw., deren Auswirkungen sich überschneiden (engl.: *intersect*). Wenn etwa eine Schwarze Schwangere diskriminiert wird, dann kann man ihre Diskriminierung als Frau nicht von der Diskriminierung aufgrund ihres Schwarz-Seins isoliert betrachten. Ihre soziale Identität lässt sich nicht aufspalten und die Ursachen ihrer Herabsetzung greifen ineinander und verstärken sich gegenseitig. Gleiches gilt zum Beispiel auch für die Diskriminierung, die ein verarmter Mann mit Behinderung erfährt. Intersektionalität hat daher zum Ziel, *Diskriminierung innerhalb von Diskriminierung zu bekämpfen.*[74] Dementsprechend braucht es vielfältige Ansatzpunkte, wenn man der Benachteiligung aller beikommen möchte. Werden ihre Stimmen stattdessen überhört oder zum Schweigen gebracht, dann wird die Benachteiligung samt der Verantwortlichkeit der Verursacher*innen verschleiert und nichts ändert sich. Dieses *Silencing* gilt es zu durchbrechen.

Wütende Menschen bekommen das Gefühl vermittelt, sie seien der brodelnde Wahnsinn, neben all den beherrschten anderen, die als Ausgeburt der Vernunft gelten (auch wenn die vielleicht durch ihre gesellschaftliche Stellung einfach keinen übermäßigen Anlass zur Wut haben).[75] Wenn der Ärger über das Aufmerksammachen größer ist als der über die Missstände selbst, dann ist der Weg vom Silencing zum Self-Silencing nicht weit. Der Druck ist enorm, bloß mit dem Zorn hinterm Berg zu halten. So bemerkt etwa Reni Eddo-Lodge, dass man in ihrem Fall sonst für eine »Unruhestifterin, die ernst zu nehmen sich nicht lohnt, eine zornige schwarze Frau, besessen vom Thema Hautfarbe« gehalten wird.[76][9] Die ständige Abwehr, das Verlachen und rabiate Reaktionen auf die Wut führen dazu, dass man ihren Ausdruck meidet oder sich sogar davor zu ängstigen beginnt. Schwarze Eltern bringen ihren Kindern bei, sich demütig und folgsam gegenüber Polizist*innen zu verhalten, egal, wie sehr sie von ihnen schikaniert werden. Um nicht unangenehm aufzufallen (durch ihr bloßes Sein) oder um nicht willkürlich erschossen zu werden – das Credo lautet, keine Wut zuzulassen.[77] Frauen (inklusive der Autorin) erwischen sich immer wieder dabei, wie sie dümmlich lächeln, auch wenn sie allen Grund zum Wüten hätten. Wenn zornige Ansuchen auf allseitige Ignoranz bis hin zur Ächtung prallen, dann wird die Wut unterdrückt und nicht in tatkräftiges Handeln übersetzt. Die Kontrolle und das Zurückhalten von Zorn werden internalisiert. Gewonnen hat man dabei, abgesehen von etwaigen Magengeschwüren und Autoaggressionen, nicht viel. Ratgeber, die eine »Heilung« von Wut in zehn Schritten versprechen, laden uns

---

9 Resümierend sagt Eddo-Lodge übrigens »Fuck it« und hält ihre Wut dankenswerterweise nicht unter Verschluss.

lediglich zur Selbstminimierung ein. Ich kann so viel meditieren und durchatmen wie ich will, mein Bett morgens machen und joggen gehen – besser behandelt oder bezahlt, weniger belästigt oder mehr respektiert werde ich dadurch nicht.

So manche unterdrücken ihre Wut so erfolgreich, dass sie schließlich ganz verlernen, sie zu verspüren. Was auch immer da im emotionalen Besteckkasten zuckt, wird bald eher als Schmerz, Scham oder Trauer verstanden. Wer sich angewöhnt hat oder angewöhnen musste, stets gefällig und zahm zu wirken, der*die läuft Gefahr, eine Beleidigung oder Drohung letzten Endes nicht mehr als solche aufzufassen. Denn wenn die Selbstzensur als Standardprogramm gefahren wird, dann ist unser schickes, cleveres Alarmsystem für den Selbstschutz plötzlich deaktiviert. Und wo keine Grenzüberschreitung wahrgenommen wird, da kommt auch keine Wut als Reaktion auf.[78]

Nun gibt es aber ja Heerscharen von Leuten, die sich theoretisch etwas mehr Wut erlauben dürften und nicht in letzter Konsequenz in eine Lähmung angesichts persönlicher Auseinandersetzungen oder gesellschaftspolitischer Prozesse gezwungen werden. Aber nach der tobenden Meute sieht man sich vergebens um. Sowohl in der Anzahl der Protestereignisse als auch in der Menge der Protestteilnehmer*innen liegen die 80er-Jahre mit der Antiatomkraft- und Friedensbewegung weit vor unserem Jahrzehnt, genauso wie die 90er mit ihren Demonstrationen gegen Rassismus.[79] Seit 2019 (und bis zum Ausbruch von Corona) haben Fridays for Future und die Klimagerechtigkeitsbewegung[10] Hunderttausende Menschen auf die Straßen gebracht, aber von einer stabilen Protestkultur oder gar Aufbruchstimmung der Allgemeinheit zu sprechen, wäre dann doch sehr optimistisch. Durch sogenannte soziale Medien bekommt man heutzutage zwar eher mit, wenn irgendwo für oder gegen irgendwas protestiert wird, aber dadurch werden die Märsche und vor allem die Taten nicht mannigfaltiger. Via Chats und Posts wird heiß über alles Mögliche und Unmögliche diskutiert. Man sollte aber solch oberflächliche und personalisierte Zänkereien und die oftmals hetzerische Streitsucht nicht mit einer kritischen gesellschaftlichen Auseinandersetzung verwechseln. Erst recht sollte man nicht glauben, ein digitaler Satz voller Einsen und Ausrufezeichen könne als wirksame politische Einwendung geltend gemacht werden. Weder der Feminismus noch die Umwelt- oder Anti-Rassismus-Bewegung sind erst gestern erfunden worden, man hätte also bis jetzt schon einige Zeit gehabt, sich anzuschließen und mitzukämpfen. Weitgreifende Veränderungen und ein gesellschaftlicher Umbruch aber lassen auf sich warten. Es reicht eben

---

10 Klimagerechtigkeit ist ein Konzept, das, im Gegensatz zu sozialpolitisch indifferentem Umweltschutz, die menschengemachte Klimakrise auch als ethisches und politisches Problem versteht. Die Klimaerwärmung ist das Ergebnis eines globalen Wirtschaftssystems, das auf uneingeschränktem Wachstum beruht. Die Folgen sind dabei überproportional für marginalisierte Gruppen (beispielsweise Frauen und Schwarze) und die ärmeren Bevölkerungen des Globalen Südens spürbar, also genau für diejenigen, deren Emissionsbeitrag am geringsten ist. Daher kann die Antwort auf die Klimakatastrophe nicht nur eine technische sein, sondern muss in Verbindung mit sozialer Gerechtigkeit stehen.

noch dafür, die Zustände *echt nicht okay* zu finden und ein bisschen dagegen zu sein, aber genug Grund, sich furchtbar aufzuregen und sich mitzubewegen, gibt es scheinbar nicht. Man freut sich, dass die *Kids* von Fridays for Future fürs Klima auf die Straße gehen (die hat man mittlerweile fast so lieb wie die Fußballnationalmannschaft), und bleibt selbst auf seinem Hintern sitzen, um Netflixserien über Held*innen, die für das Gute kämpfen, im Marathon zu gucken.

Der Vater von Alan Kurdi, dem dreijährigen syrischen Jungen, der leblos an die türkische Mittelmeerküste gespült wurde, sagte damals weinend: »Das Bild meines Sohnes ist ein Weckruf an die Welt.«[80] Ein Irrtum, leider. Trotz aller Schreckens- und Beileidsbekundungen sind der Weg nach Europa und die Grenzen der EU nicht weniger tödlich geworden. Wenn sich etwas geändert hat, dann, dass wir uns an die Bilder der Toten gewöhnt haben.

Anstatt eine zielbewusste Welle der Empörung durch die Gesellschaft schwappen zu lassen, lässt das allseitige Unrecht und Desaster das Gros der Menschen häufig gleichermaßen hilf-, rat- und tatenlos zurück.

Die meisten werden das gemeine Zwicken am Gewissen kennen, wenn man feststellen muss, dass die Kluft zwischen persönlichen Ansprüchen und der Wirklichkeit des eigenen Tuns und Wirkens weit auseinandergeht. Beim Anblick der Grenztoten denkt man betrübt darüber nach, wenigstens etwas zu spenden, nur um es dann doch zu vergessen. So manche*r findet es entsetzlich, dass der inhaber*innengeführte Einzelhandel verschwindet und kann nicht fassen, dass Jeff Bezos als reichster Mann der Welt[11] sowohl privat als auch geschäftlich mit Steuern nichts am Hut hat.[81] Und trotzdem erwischt man sich dabei, bei Amazon zu bestellen, weil es doch so praktisch ist. Vor lauter Frust ist schon die nächste Zigarette angesteckt, obwohl man sehr wohl schon von Lungenkrebs gehört hat. Diese Unvereinbarkeit unserer diversen Wahrnehmungen, unserer eigenen Gedanken, Meinungen und Absichten mit unserem Handeln nennt sich kognitive Dissonanz und ist äußerst unangenehm.

Zum Glück gibt es einen super Kniff, um das Unbehagen aufzulösen: Wir schütten die Kluft zwischen Anspruch und Wirklichkeit einfach zu. Dissonanzreduktion nennen das die Psycholog*innen. Wir betrügen uns selbst, um Spannungen aus dem Weg zu gehen und uns nicht eingestehen zu müssen, dass wir eigentlich etwas (uns!) ändern müssten. Wenn die Grenzen des Tragbaren überschritten werden, sind wir plötzlich von Harmoniesucht erfüllt – gerade wenn wir es waren, die da fröhlich umherlatschten. Um widerspruchsfrei zu sein, muss man nur ein bisschen Gehirnakrobatik veranstalten.[82]

Es gibt verschiedene Wege, auf denen wir unseren Seelenfrieden wieder erschummeln können. Wir können Tatsachen einfach ausblenden und leugnen, eigene Logik und

---

11 Er ist nicht nur der reichste Mann, sondern gleich der reichste Mensch der Welt. Dass man das nicht extra zu sagen braucht, spricht wiederum Bände. *Weiß* ist er übrigens auch, falls sich jemand unsicher war (Scherz).

Denken außer Kraft setzen und Widersprüche rationalisieren (*Hm, wider meine Weissagung ging weder die Welt unter, noch hat mich das prophezeite UFO abgeholt … Ob ich falschlag? Niemals! Dies muss eine Prüfung meines Glaubens gewesen sein!*).[83] Oder wir legen uns die Dinge zurecht, indem wir unangenehme Informationen aussieben und andere in den Vordergrund rücken (Jeanne Calment rauchte ihr Leben lang, versuchte mit 117 vergeblich, es sich abzugewöhnen und wurde 122 Jahre alt – *Yeah, Wissenschaft!*). Der krasseste Trick – der Salto mortale der Dissonanzreduktion – aber ist die klammheimliche Änderung unserer Einstellung und die Relativierung des Zwiespalts. Mit einem Mal glaubt man nicht mehr an wissenschaftliche Forschungsergebnisse, weil das mit der Erdscheibe oder der mal jüdischen, mal reptiloiden New World Order sonst nur schwerlich zu erklären wäre. Oder man ernährt sich trotz des Wissens um Tierleid und die Auswirkungen auf den Planeten nicht vegan, weil man spontan die Angst vor dem Verlust eines Geschmackserlebnisses höherrangig bewertet. Ach ja, es gäbe natürlich auch die Option, sein Verhalten zur Dissonanzreduktion zu ändern, das scheint kein weitverbreiteter Usus zu sein.

Also stehen wir da, mit der Kenntnis von unserem Fehlverhalten und Versagen im Hinterkopf verscharrt, rutschen in Gleichgültigkeit ab und bleiben aus reiner Bequemlichkeit inaktiv. Die Abwiegelei vertuscht die Grenzüberschreitungen und wieder ist der Weg über die Wut zum Drang nach Veränderung versperrt. Holocaustüberlebender Elie Wiesel hat das mal zusammengefasst: »Ich habe immer daran geglaubt, dass das Gegenteil von Liebe nicht Hass ist, sondern Gleichgültigkeit (…) Das Gegenteil von Hoffnung ist nicht Verzweiflung, es ist Gleichgültigkeit. Gleichgültigkeit ist nicht der Anfang eines Prozesses, es ist das Ende eines Prozesses.«[84]

Die Klimakatastrophe, Rassismus, Sexismus und all die anderen -ismen werden nicht weggelächelt werden, man kann sie nicht aussitzen. Das Versäumnis, das eigene Verhalten infrage zu stellen, verhindert nicht nur, dass wir etwas an unserer Realität ändern, auch die von anderen bleibt unangetastet. Wer nicht wütend ist, der birgt keine Gefahr für die, die von der Benachteiligung anderer profitieren.[85] Das ruhiggestellte Gewissen und ausgeblendete Überzeugungen verfestigen still und heimlich bestehende Ungerechtigkeiten. Kraftlose Hinnahme ist stumme Zustimmung zu Vorurteilen, Benachteiligung und Diskriminierung. Wenn man schon nicht explizit dafür ist, dann wenigstens, damit man es bequemer hat.

Es ist, als fehlte es an einer allgemeinen Gebrauchsanweisung für die Wut, dafür, sie zu erkennen, anzunehmen und zu nutzen. Die einen werden so gedeckelt, dass sie sich nicht trauen, wütend zu sein, oder es sogar verlernt haben. Andere könnten sich wiederum Unfähigkeit oder Selbstbetrug attestieren, wenn sie sich der aufbrausenden Emotion verweigern. Es gibt aber noch eine dritte Möglichkeit, die das Ausbleiben zornigen Protests nach sich zieht: banaler Unwille zur Veränderung und Bejahung der Gegebenheiten.

Wenn die kognitive Dissonanz uns mit dem Unterschied

zwischen Denken und Handeln die Laune vermiest, dann geht es dabei auch um Moralvorstellungen. Ein ähnliches Prinzip greift, wenn uns im Zorn moralische Entgleisung erschüttert. Moral betrifft die Sitten (lat.: *moralis*) und bezeichnet die Werte und Normen, die innerhalb einer Gesellschaft allgemein anerkannt sind. Die Moral entspringt unserer gemeinschaftlichen Konzeptualisierung davon, was wir als wichtig erachten. Wer »moralisch« handelt, verhält sich so, wie die Allgemeinheit es für angemessen und korrekt befindet.[86] Eine Gesellschaft einigt sich für einige Zeit auf bestimmte Werte als Essenz ihrer Überzeugungen, Ideale und Bedürfnisse. Mal ist es der Glaube, dann wieder die Freiheit, Loyalität oder Neutralität oder von allem ein bisschen. Daraus entwickeln sich Normen, die jenes gebieten und dieses verbieten. Es sind allgemeingültige Regeln und Richtlinien, die befolgt werden müssen (bei Rot nicht über die Straße gehen), sollen (in die Armbeuge niesen) oder können (beim Essen nicht schmatzen). Dabei ist Moral nicht in Stein gemeißelt, sondern veränderlich. In einem Jahrtausend sind Statuen nackt und im Besitz eines Genitals, im nächsten wird die Frivolität empört abgeschlagen oder unter einem Feigenblatt versteckt. Als Gesellschaft kann man sich darauf einigen, dass öffentliche Hinrichtungen eine Riesengaudi oder ganz im Gegenteil perverse Grausamkeiten sind. Die gute Moral von gestern kann heute schon verwerflich sein (na ja, ganz so schnell geht es dann doch nicht).

Als wäre diese Unbeständigkeit der Wertekultur nicht schon verwirrend genug, wird dabei auch noch reger Etikettenschwindel betrieben. Nicht überall, wo Wert draufsteht, steckt dieser auch drin. Und so einige Normen gibt es zwar auf dem Papier, gelten am Ende des Tages aber doch nicht verbindlich. Man muss kein*e waschechte*r Moralist*in sein und auch kein vom Guten überzeugter Naivling, der sich in ätherische Philosophien der zwischenmenschlichen Sittlichkeit ergießt, um für Wertvorstellungen empfänglich zu sein. Denn Rechtsstaatlichkeit ist auch so ein Wert, auf den man sich gesellschaftlich geeinigt hat. Wenn wir nun aber unaufgeregt zusehen, wie Normen ständig gebeugt, Rechte gebrochen und systematisch verwehrt werden, uns jedoch nicht darüber entrüsten, dann ist die gemeinschaftliche Abmachung bald hinfällig und der proklamierte Wertekatalog zum Zierrat verkommen. Wagt man einen Realitätsabgleich mit aktuell »beschlossenen« Grundsätzen (Humanität, Freiheit, Würde, Gleichberechtigung usw.), knackt das ethische Eis bedrohlich laut.

Unsere Werte zeigen sich auch daran, was uns was *wert* ist. Namibia bekommt für den Genozid an den Herero und Nama, der von der deutschen Kolonialmacht verübt wurde, über die Spanne von 30 Jahren 1,1 Milliarden Euro von der BRD gezahlt (die Morde an den Damara und San finden indes keine Erwähnung). Nicht nur forderte der Völkermord das Leben von 80.000 Menschen, er führte auch zu Landenteignungen, die bis heute die wirtschaftliche und soziale Schlechterstellung der Nachkommen der Opfer verschulden. Die Bundesregierung ist jedoch zufrieden mit sich und betont die Freiwilligkeit der Zahlung als »Geste der Anerkennung des unermesslichen Leids«.[87] Die Daimler AG, ein unermesslich kapitalistischer Konzern, bekommt im Corona-Jahr 2020 bei einem Rekordgewinn von vier Milliarden Euro (nach Steuern) 700 Millionen Euro vom Staat in Form von Kurzarbeitergeld zugeschanzt. Der Konzern freute sich über solch »große Fortschritte bei der Kosteneffizienz« und hob erst mal die Dividenden-Ausschüttung um 50 Prozent auf 1,4 Milliarden Euro an.[88]

Nicht die kleinste Spur von Solidarität oder Respekt vor dem Leben lässt sich auch nur erahnen, wenn der verbrecherische Schlächterverein Tönnies im selben Betrieb nicht nur 20.000 geschlachtete Schweine täglich ausnimmt, sondern die Gesundheit von Hunderten Mitarbeiter*innen gleich mit. Durch die kläglichen Wohn- und Arbeitsverhältnisse der Belegschaft gingen die Covid-19-Infektionen im Kreis Gütersloh durch die Decke und verursachten einen Schaden von 9,6 Millionen Euro.[89]

Währenddessen beschwört die EU die Achtung der Menschenrechte als einen ihrer bedeutsamsten Grundsätze, findet aber an den Außengrenzen trotzdem keinerlei Verwendung dafür – ob nun im Mittelmeer oder in Kroatien und Polen, wo Schutzsuchende von Staatsdiener*innen aus der EU hinausgeprügelt werden und im Niemandsland der Grenzanlagen auf ein Wunder oder ihren Tod warten müssen.[90] Und auch wer von Friedensmissionen und Toleranz schwafelt, während Bundeswehroffiziere und KSK-Soldaten für den Tag X preppen und Waffenlager anlegen, hat eine beeindruckende Fantasie.[91]

Nun garantiert Moral ja nicht, dass es keine Fehltritte und Verletzungen gibt, aber sie sollte doch insofern als

Regularium dienen, dass sich die Umstehenden an dem *unmoralischen* Gehabe stören. Denn es ist ja grade der soziokulturelle Sinn dieser Werte und Normen, dass sie für die gesamte Sippschaft als Verhaltenskodex dienen, um so ein Zusammenleben zu ermöglichen. Schauen wir mal: Anstatt vor Scham und Schande im Boden zu versinken oder von anderen dort hineingerammt zu werden, verlangte Tönnies, die Lohnkosten der Mitarbeiter*innen, die man in Quarantäne schicken musste, mit Steuergeldern zu bezahlen. Die europäischen Politiker*innen und Beamt*innen, die direkte oder indirekte Schuld an den Menschenrechtsverbrechen an den Außengrenzen tragen, hocken weiterhin auf ihren Posten. Sie werden bestens dafür entlohnt und nicht von einem wütenden Mob durch die Straßen in den Gerichtssaal gejagt. Und als Bundeswehrsoldat*innen palettenweise gestohlene Munition zurückgaben, bekamen sie nicht einmal Strafliegestütze, sondern eine Amnestie. Obwohl solche Begebenheiten schnell als Skandal betitelt werden, sind das erregte Aufsehen und der genommene Anstoß verdächtig lau.

Werte und Normen, die bei Verfehlungen nach keiner Korrektur der Handlung verlangen, sind leere und gefährliche Worthülsen.[12] Die beinah klaglos hingenommenen

---

12 Sebastian Kurz sind übrigens seine christlichen Werte besonders wichtig. Auch Ursula von der Leyen schwärmte: »Das Christentum ist tief eingewoben in Europa.« Über diese Behauptung habe ich mich heillos aufgeregt. Das würde ich gerne zurücknehmen. Ich nahm den selbstbeweihräuchernden Ton der beiden zum Anlass einer Unterstellung: Ich ging davon aus, dass sie damit etwas Positives, wie etwa die Parolen des alten Revoluzzers Jesus, meinten. Ich habe das falsch verstanden. Sie meinten nicht die Widerstandszelle Christi, sondern die christliche Glaubenslehre. Was Weltreligionen und ihren

»Skandale« sind ein Zeugnis dafür, wie ernst es uns mit unserer beschworenen Moral ist. Wir tragen sie stolz vor uns her und behandeln sie wie einen festen, schmückenden Besitz, anstatt danach zu handeln. Der wütende Aufschrei der Masse bleibt aus, weil weitreichende, tiefe Empörung voraussetzt, dass eine allseits als wahrlich wichtig empfundene Norm verletzt wurde. Es fehlt eine ehrliche Aussprache darüber, an welchen allgemeingültigen Vorstellungen und Idealen wir uns als Gesellschaft orientieren. Freiheit oder Festung, Gleichberechtigung oder un(ter)bezahlte Frauenarbeit, Gleichheit oder Neokolonialismus, Klimaschutz oder unbegrenztes Wirtschaftswachstum – wir können nicht beides haben. Wenn wir unsere Werte nicht offen benennen, ist es brandgefährlich für alle, die nicht an einem langen Hebel sitzen und sich stattdessen darauf verlassen müssen, dass gesellschaftliche Konventionen Gültigkeit besitzen. Und nur wer versteht, aus welchem moralischen Orientierungsrahmen die Wut entspringt und vor welchem moralischen Hintergrund sie von anderen als ungerechtfertigt empfunden wird, kann sich überlegen, an welchem Bezugspunkt es etwas zu ändern gilt.

Organisationsformen nämlich genau nicht innewohnt, sind Freiheit und Toleranz. Um die zu erlangen, musste jahrtausendelang gegen klerikale Bevormundungen und den Allmachts- und Allwissenheitsanspruch von Gottgesegneten angekämpft werden. Jetzt, dem Herrn sei's gedankt, erschließt sich mir der Sinn ihrer Aussagen. Vgl. Erzdiözese Wien: Interview mit Außenminister Sebastian Kurz: »Christen sollen selbstbewusst sein«. 15. Februar 2017; https://www.erzdioezese-wien.at. Und: Vatikan News: Von der Leyen: »Christentum ist tief eingewoben in Europa«. 22. Mai 2021; https://www.vaticannews.va.

Kaum jemand wird sich hinstellen wollen (nicht mal alleine vor den Badezimmerspiegel) und verkünden: »Ich habe Werte, die ihr alle verächtlich findet! Meine Norm dreht sich nur um mich!« Man hat die proklamierten Werte ja nicht nur selbst vorgebrabbelt, sondern sie auch in Dauerschleife vorgebetet bekommen und möchte am gemeinschaftlichen Pakt teilhaben. Es ist ein potenziell schmerzvoller Prozess, das persönliche Wertesystem zu hinterfragen und herauszufinden, dass das moralische Selbstbildnis eher einem Dorian Gray ähnelt als der Goldmarie. Solche Erkenntnisse könnten viel Arbeit an der eigenen Person oder gar die Aufgabe von Altbekanntem und Privilegien nach sich ziehen. Um das zu vermeiden, kann man sich in eine »identitätswahrende Wahrnehmung« flüchten.[92] Ein Phänomen, das uns ermöglicht, selektiv anzuerkennen und abzulehnen, was die (insgeheim) von uns bevorzugte Gesellschaftsordnung stützt. Das macht es uns leicht, Fehlinformationen zu akzeptieren und uns Kritik zu verweigern. So gelingt es, die Konsequenzen, die eigentlich aus den angegebenen Werten hervorsprießen müssten, großzügig zu umschiffen – und die eigene, begünstigte Position wird nicht untergraben. Von der Bequemlichkeit der Dissonanzreduktion ist es also nur ein Katzensprung zur Heuchelei. Auch kein schöner Zustand.

So ist es ein Leichtes, zu sagen, dass man für geschlechtliche Gleichberechtigung ist, und großzügig zu gewähren, dass Frauen arbeiten *dürfen*, oder laut zu rufen »Ich bin farbenblind!«, wenn es um Rassismus geht. Solche Bekenntnisse fühlen sich gut an – aber nicht so gut wie die eigene

Vormachtstellung. Wie Alice Hasters es in Bezug auf die Farbenblindheit nannte, »beweist [diese] nicht die Unfähigkeit, rassistisch zu sein, sondern die Unfähigkeit, Rassismus zu erkennen.«[93] Wer meint, Frauen das Arbeiten *erlauben* zu können, der*die hat erstaunlich wenig verstanden. Es geht also nicht nur um die bedauerliche Unvereinbarkeit von angeblichem Anspruch und praktizierter Wirklichkeit, sondern auch um einen eigens betriebenen Aufwand, um diesen Zwiespalt aufrechtzuerhalten. Wenn wir nicht aufbegehren, sondern in Stille verharren, wenn wir die Wut anderer ignorieren und wegdrücken, dann hat das demnach nicht nur etwas mit dem Scheuen einer Anstrengung zu tun, sondern auch etwas mit Überlegenheit. Die »Stille ist eine Machtdemonstration«, wie Soraya Chemaly so treffend schrieb, und »festigt die bestehenden Hierarchien, indem sie das epistemische und psychologische Wohlbefinden der Adressaten wiederherstellt.«[94]

Den psychologischen Teil haben wir schon vorm Badezimmerspiegel geklärt. Epistemisches Wohlbefinden meint das erkenntnistheoretische Behagen. Aha. Es geht dabei um ein ausreichend begründetes Gefühl, das erforderliche Wissen zu besitzen, um in diesem Leben zurechtzukommen. Wenn man es aber zum absoluten Erfordernis macht, die bestehende Identität und das eigene Weltbild auf Biegen und Brechen zu wahren, dann verbietet es sich, anderen zuzuhören, den Dialog und die Auseinandersetzung zu suchen. Man möchte ja nicht riskieren, Informationen zu erlangen, die genau dieses gehegte Ich-Bewusstsein angreifen würden. Wer nichts über die Unterdrückung und erlebten Ungerechtigkeiten anderer erfährt, braucht die eigene Position und somit seinen Anspruch auf Kontrolle und Macht nicht zu hinterfragen. Und schon sind wir wieder zurück beim Silencing.

Ergebnis und Voraussetzung des epistemischen Wohlbefindens auf Kosten anderer ist die epistemische Ungerechtigkeit, also die Ungerechtigkeit, die jemandem wegen seiner*ihrer (angeblichen) Erkenntnisfähigkeit widerfährt. Etwa durch testimoniale Ungerechtigkeit, der Neigung, bestimmte Sprecher*innen aufgrund von Vorurteilen nicht als verlässliche, glaubwürdige Zeug*innen eines Geschehens anzuerkennen.[95] In diesem Fall wird einer Person grundsätzlich nicht so recht geglaubt, da ihr die Urteilskraft von vornherein abgesprochen wird. Fragen Sie einfach jede Frau, die mal einen sexuellen Übergriff zur Anzeige bringen wollte oder jede Person of Colour, die sagt, er*sie sei unprovoziert angegriffen worden und jede*n Sinti*zze oder Rom*nja, der*die versichert, nicht gestohlen zu haben. (Und fragen Sie bitte nur solche Leute, die bereit sind darüber zu sprechen. Versteht sich, gell?) Die Verleugnung der individuellen Zeug*innenschaft führt offensichtlich nicht zu mehr gesellschaftlichem Verständnis für die davon betroffenen Menschen und Gruppen. Ihre Anliegen werden blockiert, weil Privileg sich mit Ignoranz rüstet. Das kann im Gaslighting einen traurigen Höhepunkt erfahren, wenn das Identitäts- und Selbstwertgefühl von Betroffenen pulverisiert wird und sie ihre eigene Wahrnehmung oder gar ihren Verstand anzweifeln.[96] Ausklammerung und Verkennung manipuliert Menschen in eine Situation, in der ihnen oft jedwedes Bezugssystem fehlt, in das sie ihre Erlebnisse einordnen können. Die #MeToo-Debatte hat eindrucksvoll gezeigt, was passiert, wenn ein solches Bezugssystem plötzlich gegeben ist.

Zu epistemischer Ungerechtigkeit zählt auch, dass die Sprache es manchmal nicht hergibt, dass dezidiert über eine Problematik gesprochen werden kann. Der adäquate Ausdruck von Erfahrungen ist dann also schon rein sprachlich unmöglich. *Tabu* zu spielen macht Spaß, aber wenn es ums eigene Wohlbefinden oder um Gefährdung geht und die Worte fehlen, dann ist das bitterernst. Man versetze sich zurück in eine Zeit, als die Gender-Debatte ohne Begriffe wie *inter, cis, trans, fluid* usw. geführt werden musste. Leute konnten noch nicht mal etwas Grundlegendes wie ihr soziales Geschlecht benennen. Ohne Worte lässt es sich auch schwerlich denken und mitteilen. Wenn neue Wendungen und Vokabeln einmal in die Sprache Einzug finden und Informationen besser »gesendet« werden können, dann braucht es zusätzlich auch den Willen von Empfänger*innen, diese Worte zu verstehen. Es muss immer noch hart um gerechte Sprache gekämpft werden. Ein Begriff wie »epistemische Ungerechtigkeit« ist dafür verflucht hilfreich – danke, Miranda Fricker und danke, Gayatri Chakravorty Spivak.[97]

Die Rollen in zornbereinigten Begegnungen sind nicht immer eindeutig verteilt. In verschiedenen persönlichen oder gesellschaftlichen Beziehungen können unterschiedliche Macht- beziehungsweise Ohnmachtspositionen von derselben Person eingenommen werden. Doch selbstverständlich ist es ein Unterschied, ob man zum Schweigen gebracht wird oder sich selbst den Mund verbietet. Es ist ein Unterschied, ob man Verhaltensänderung mehr fürchtet als das Nicht-Erreichen der eigenen Ansprüche oder ob es einem*r rundweg so passt, wie es ist.[98] Nur an der Bilanz ändert es nicht viel. Wir sind umringt und oftmals selbst Teil von stillen Machtdemonstrationen, die von sich behaupten, etwas ganz anderes zu sein. Wir agieren in einer alltäglichen globalen Aufführung von *Des Kaisers neue Kleider*, in der es mehr Nackte als Bekleidete gibt. Weil man all den Ehrenworten und prächtigen Versprechen glauben will, ist es nur umso betrüblicher, wenn man beim Lesen der Nachrichten oder beim Blick aufs eigene Leben keine wirklichen Besserungen erkennt. Ein halber Rentenpunkt mehr für die Erziehungszeit von Kindern ist besser als nichts, aber wo bleibt die andere Hälfte? Neue europäische Meeresschutzgebiete gibt es zwar auf dem Papier, auf dem Wasser fehlt es nahezu vollständig an der Umsetzung.[99] Der Begriff »Rasse« verschwindet aus dem Grundgesetz, doch verpflichtende Anti-Rassismus-Trainings für Polizei, Militär oder Justiz sind lange nicht in Sicht. Daher müssen wir, wenn wir Veränderung wollen, mit aller Deutlichkeit zeigen, wo wir stehen und wohin die Reise gehen soll. Dass man sich das Silencing nicht gefallen lassen sollte, ist in der Regel leichter gesagt als getan und schiebt die Verpflichtung zum Lösen des Problems den Falschen zu. Wer sich eher auf der begünstigten Seite der Gesellschaft verorten kann, sollte sich daher erst recht (zu)trauen, in sich hineinzuhorchen, um herauszufinden, was da rumort. (Man kann dann auch ruhig damit anfangen, kurz auf sich selbst und sein eigenes träges Schweigen sauer zu sein.)

Weder Passivität und Gleichgültigkeit noch Lippenbekenntnisse eignen sich, um den Wurzeln der Probleme auf den Grund zu gehen. Das Resultat ist vielmehr eine lahmende Streitkultur, dominiert von Unverständnis und Abwehr, anstatt von Austausch und Respekt. Wenn wir uns nicht zugestehen, wütend zu sein und/oder die Wut anderer abtun, dann bringt uns das dauerhaft in die Bredouille. Denn ohne oder mit diesem Gefühl in unserem Arsenal schauen wir auf unsere Vergangenheit, Gegenwart und Zukunft. Öffentliche Auseinandersetzungen produzieren Visionen, die dann in politische Entscheidungen übersetzt werden können. Und obwohl es angeborene Mechanismen für das Erleben und den Ausdruck von Wut gibt, werden diese über die Jahre immer stärker von unserer Sozialisation geprägt.[100] Wo keine*r zornig ist, werden es später noch weniger sein, weil wir uns die Wut gesellschaftlich abtrainieren. Das ist bitter, denn offener Diskurs ist ein wichtiger Selbst-Stabilisierungsmechanismus des Gemeinwesens.[101] Wenn wir uns diese Auseinandersetzung versagen, dann nehmen wir unserem Feuer den Sauerstoff und die Chance auf Wandel und Fortentwicklung verglüht ungenutzt. Darum müssen wir wütenden Erkenntnissen Ausdruck verleihen und zulassen, wenn andere dasselbe tun.

3

Ragenresonanz

Wut kann der Quell dafür sein, die eigenen Grenzen und ihre Überschreitung zu erkennen. So ist sie auch die erste natürliche Verteidigungsmaßnahme, wenn es um soziale Ungerechtigkeit oder Chancenungleichheit geht. Wer kategorisch schlechter gestellt ist als andere, wird regelmäßig von seinem*ihrem emotionalen Kanon darauf hingewiesen, dass dies kein akzeptabler Zustand ist. Daraus ergibt sich ein doppeltes Verhältnis zu Macht und Herrschaft: Wut ist eine Reaktion auf Unterdrückung, und gleichzeitig bietet sie einen Weg, dieser Dominanz etwas entgegenzuhalten.[102] Um das zu können, darf man sich die Wut zunächst einmal nicht ausreden lassen und muss sie dann auch noch von anderen Emotionen wie Schmerz, Enttäuschung und Scham unterscheiden können. Diese eher nach innen gewandten Gefühle dienen dazu, sich mit etwas abzufinden, Dinge hinzunehmen und damit abzuschließen, anstatt die Möglichkeit geltend zu machen, sich zu wehren und etwas ändern zu können. Das soll nicht heißen, dass Wut die einzig legitime oder ewig vorherrschende Emotion sein sollte. Aber sie ist eine vernachlässigte, fälschlicherweise verunglimpfte. Manchmal sind diese Gefühle verworren und überlappen sich. Es schließt sich nicht aus, dass mir beim Anblick gequälter Tiere gleichzeitig das Herz vor Verlust- und Mitgefühl zerspringt und sich mir gleichzeitig eine der Pelzindustrie gewidmete Zornesfalte auf die Stirn legt. Einfühlungsvermögen und Wut stehen nicht im Gegensatz zueinander, sondern können vielmehr des gleichen Ursprungs sein.

Wenn ich eine Beleidigung, Demütigung oder Grenzverletzung erkennen möchte, ohne mich dabei zu ängstigen oder zu schämen, dann setzt das ein Bewusstsein für den eigenen Wert voraus und eine Vorstellung davon, ob geltende Verhaltensstandards mit den Füßen getreten werden. Es geht bei der Wut darum, wie wir uns selbst und unsere Mitwelt (moralisch) beurteilen. Gerade von Frauen wird erwartet, dass sie sich dieses Urteil und vor allem die Konsequenzen daraus sparen. In einer langjährigen Studie über die Zusammenhänge zwischen Geschlecht und Wut zeigte sich jedoch, dass Frauen, die ihre Wut nicht wegschieben, sondern sie anerkennen, ihre Anliegen und Ansprüche produktiver mitteilen können. Dadurch verspürten die Probandinnen eine gesteigerte intellektuelle Klarheit und ein größeres Selbstwertgefühl. Auf einmal sahen sie sich dazu ermächtigt, etwas in ihrem Leben zu verändern.[103] Unterdrückter oder nach innen gewandter Ärger wiederum verliert nicht nur das transformative Potenzial und begünstigt einen gesellschaftlichen Entwicklungsstillstand, sondern kann auch psychisch und physisch krank machen. Verinnerlichter Zorn, der nunmehr aufs Selbst projiziert wird, ist hausgemachter Psychoterror und kann zu Depressionen,

Sucht- und Essstörungen führen. Ohne einen probaten Ausdruck von Wut, droht sie schlimmstenfalls in unkontrollierbaren emotionalen Entladungen, Aggression und Gewalt auszubrechen.[104] Zugelassener Zorn hingegen ermöglicht es, sich von hanebüchenen Schuld- und Schamgefühlen zu befreien und sich nicht durch Selbstvorwürfe zu zerfleischen. Die Wut fordert Glaubwürdigkeit ein und verneint die eigene Sprachlosigkeit.

Um Zorn sinnstiftend nutzen zu können, muss man nicht nur der Selbstminimierung Lebewohl sagen, sondern auch der komfortablen Lethargie. Wer Dissens verspürt, aber nichts tut, der*die verharmlost nicht nur Problematiken, sondern läuft Gefahr, über die permanente Unzufriedenheit zu verbittern. Auf der einen Seite wartet man voll grimmiger Ungeduld darauf, dass sich etwas ändert, andererseits ist man zu faul, etwas dafür zu tun. Man sieht zwar einen Zweck, verzichtet aber lieber gleich auf alle zur Verfügung stehenden Mittel. Diese Bequemlichkeit oder auch Mutlosigkeit ist eine beständige Aneinanderreihung verpasster, ungenutzter Momente, in denen man sich auch solidarisch hätte zeigen können, um andere zu unterstützen und zu ermutigen.[105] Das Dilemma potenziert sich selbst, denn Stillstand und Stillschweigen lassen Neuerungen und Visionen immer illusorischer erscheinen. Darum ist es nicht bloß für Einzelne, sondern auch für eine Gesellschaft verhängnisvoll, wenn die einen zu träge sind, ihren Zorn zu bemühen und er gleichzeitig nur Zugehörigen bestimmter Gruppen zugestanden wird. Denn wo die einen Wut als Utensil zum Machterhalt nutzen dürfen und sie anderen selbst zur Verteidigung versagt bleibt, wird bestehende Vorherrschaft zementiert. Ein glattgebügelter, emotional steriler Umgang mit Unterdrückung bringt uns nicht weiter – es gibt hier keine Bringschuld von Appetitlichkeit. Ich wage zu behaupten, dass in den meisten Fällen das Problem nicht ist, *dass* ich wütend bin, sondern *was* mich wütend macht. Ich muss weder lieblich blinzeln, wenn ich wieder und wieder beim Reden von Männern unterbrochen werde, noch zur Harmoniewahrung xenophobe Vorurteile hinnehmen, und auch nicht verständnisvoll nicken, wenn mir jemand voll Entsetzen erzählt, dass sie in China Hunde essen und sich dabei die Bockwurst reinpfeift. Es höflich auszuhalten und zu schweigen, wäre gleichbedeutend mit devoter Zustimmung.

Wut hilft, übertrampelte rote Linien und den gegenwärtigen Irrsinn aufzuzeigen. Sie eröffnet einen Eindruck von der Gegenwart, der durch die himmelschreiende Diskrepanz zwischen Anspruch und Wirklichkeit automatisch auch eine Idee für die Zukunft bereithält. Ob es nun die *Black-Lives-Matter*-Bewegung ist, Kohlekraftwerksbesetzungen durch *Ende Gelände*, oder wenn die Kollegin jetzt doch mal brüllt, weil sie zum x-ten Mal bei der Beförderung übergangen wurde (136 vermaledeite Jahre noch!), all dies sind berechtigte und angemessene Ausdrücke von heftigem Unmut. Wut fungiert nicht nur als Warnung, meinen Zeh nicht weiter zu zerschmettern, als persönlicher Schutz, wenn ich einen Grapscher anschreie, sondern auch als rationale Antwort auf systemische Benachteiligung und strukturelle Diskriminierung.

Wäre es da nicht blitzgescheit, die Wut weder zu schlucken noch sich von ihr beherrschen zu lassen und stattdessen etwas Sinnvolles mit ihr zu veranstalten? Setzen wir Wut ein als das, was sie ist – ein Kommunikationsmittel. Wer seine Grenzen nicht aufweist, darf sich nicht allzu sehr wundern, wenn sie überschritten werden.[106] Aber es geht nicht nur um die eigenen Grenzen und die eigene Wut, sondern auch um die von anderen. Wir sollten auf Unmut hören, ihn respektieren und uns damit auseinandersetzen. Wer erbosten Offenbarungen kein Gehör schenkt, der*die wird weiter verletzen und Konflikte anfeuern, anstatt zu deeskalieren. Ein bewusster Umgang mit Wut knallt uns die Streitfragen auf den Tisch und provoziert Resonanz, das macht uns entscheidungs- und handlungsfähig. Krisenproteste und passionierter Eifer können kritische Reflexionsinstrumente in einer Gesellschaft sein. Wut ist ein Impulsgeber, der aufzeigt, was uns wichtig ist, dass uns überhaupt etwas wichtig ist.[107] Der ganzen Angelegenheit ist ein fabelhaftes Paradox zu eigen: Der entschiedene Ausdruck von Differenzen trennt uns nicht nur von denen, deren Verhalten wir anprangern, er verbindet uns auch gleichzeitig mit ihnen. Wer darauf besteht, gehört zu werden, besteht darauf, in einer Beziehung zu seiner*ihrer Umwelt zu stehen und Einfluss darauf nehmen zu können.[108] Gönnen wir uns und unserem Gegenüber mehr davon.

Doch gewusst wie. Denn meist wird wütenden Forderungen reflexhaft mit Ablehnung und Aggressivität begegnet. Das ist nichts Neues. Im Mittelalter war die häufigste Begründung für die gewaltsame Verfolgung von Frauen ihr Ungehorsam, was wohl nichts anderes heißt, als dass sie ihre persönlichen Grenzen entschlossen verteidigt haben.[109] Zu Zeiten der sogenannten Aufklärung wurden »zankhafte« Frauen mit Maulkörben versehen und durch die Straßen gejagt.[110] Auch heute ist Gewalt eine geläufige Reaktion auf Wut, eine, die so normal ist, dass man sich zwar darüber ärgert, aber nicht mal mehr sonderlich überrascht ist. Wenn ich öffentlich verlautbare, dass ich nicht aus frommer Barmherzigkeit[13] im Mittelmeer rumschipper, sondern die tödliche Grenzgewalt entschieden und wütend verurteile, da wollen Sie nicht meinen Namen googeln, in sogenannten sozialen Medien vorbeischauen oder in mein E-Mail-Postfach gucken. Wüste Beschimpfungen bis hin zu Todeswünschen trudeln in kürzester Zeit ein. Greta Thunberg wird direkt vom US-amerikanischen Präsidenten beleidigt und hat wahrscheinlich einen ganzen Schrank voll Morddrohungen vorzuweisen.[111] Unbändige Aktivist*innen wie die Femen oder Pussy Riot werden nicht nur gesellschaftlich sanktioniert, sondern auch physisch und juristisch angegangen. Freshta Kohistani wurde für ihren feministischen Kampf erschossen.[112]

Solche Anfeindungen bis hin zu körperlicher Gewalt und Mord treten nicht nur in Konflikten auf, die coram pub-

---

13 Wirklich niemand wartet auf eine Erlösung durch mich, darum kümmern Flüchtende sich offensichtlich selbst ganz gut. Ich leiste lediglich meinen Teil der Verantwortung. Ich kann sie aus dem Wasser ziehen, aber gerettet haben sie sich selbst. Menschen auf der Flucht brauchen kein gnädiges Mitleid, sondern Selbstbestimmung und Rechte.

lico ausgetragen werden. Und dort, wo der Schutz durch die Öffentlichkeit fehlt, ist die Bedrohung nicht weniger real. Zuhauf müssen auch weniger beachtete Klima- und Menschenrechtsaktivist*innen um ihr Leben fürchten. Mindestens 227 Umweltschützer*innen wurden allein im Jahr 2020 ermordet, am häufigsten waren die Opfer Indigene. Die Dunkelziffer dürfte deutlich höher liegen.[113] Ich denke, wir können uns drauf einigen, dass solche Reaktionen auf zornigen Widerspruch nicht in die Kategorie »hilfreich« fallen.

Manchmal sind die Wände, gegen die man läuft, weicher, dadurch aber nicht weniger undurchdringlich. Wenn ich wütend bin, wenn das Käsefondue ausgepackt wird, dann wird als Problem definiert, dass ich die Stimmung vermiese, und nicht, dass eine tierquälende Industrie den Planeten verhunzt. Spontan werden Ökodiktaturen in meinem Namen ausgerufen und moniert, dass keine Zeit gelassen werde, sich in eine klimagerechte Richtung zu entwickeln, und dass meine garstige Forderung alle Lust zur Veränderung nehme. Man gibt also lieber freiheraus zu, sich wie ein trotziges Kind zu verhalten, als sich mit der Materie auseinanderzusetzen. Selbstherrlich wird unterstellt, dass der Wachstumsschmerz der eigenen Entwicklung schlimmer und betüddelungsbedürftiger sei als das den anderen zugefügte Leid. Es wird nicht auf Grundlage von Fakten gegen die geforderten Veränderungen argumentiert, sondern mit dem ausgelösten Unbehagen.[114] Wer konfrontativ kundtut, dass er*sie dem Mummenschanz von konstruierter Männlichkeit überdrüssig ist, erntet entnervtes Augenrollen. Während »männliche« Schwächen, Defizite und Untaten beinah als unausweichlich hingenommen werden, gilt die Rage darüber als inakzeptabel. Anstatt also auf Inhaltliches einzugehen, nimmt man(n) an der Ablieferung Anstoß und empört sich etwa, dass das Gegenüber alle den Frauen so ungeheuer wohlgesonnenen Männer verprelle. Heerscharen von Penisträgern werden in tiefe Verzweiflung gestürzt, weil sie plötzlich nicht mehr wissen, was sie sagen dürfen. *Schockschwerenot!*, da hat ein Mann jetzt also das Gefühl, das alles gegen ihn verwendet werden könnte, dass jeder Schritt und jedes Wort missverstanden und ihm zuungunsten ausgelegt werden könnte, dass sie *alle Mann* in Sippenhaft kommen und kollektiviert als Gruppe missachtet werden könnten. Da bricht die schiere Angst und Unsicherheit über sie herein – und ein Hauch davon, was es bedeutet, eine Frau in dieser Gesellschaft zu sein. Mein Mitleid ist, sagen wir, limitiert.

Wenn jetzt der ein oder andere Mann vielleicht zu Unrecht bezichtigt wird, dann ist das bedauerlich, aber nicht die Schuld der Opfer von strukturellem Sexismus und sexueller Gewalt, und erst recht kein Argument gegen den Feminismus. Würden Frauen im Regelfall respektiert werden, dann stünden wir nicht hier mit all der Wut im Bauch. Wenn Männer ihre mögliche Unterstützung andeuten, aber festlegen, dass *wir so bestimmt nicht weiterkommen*, dann beinhaltet das die paternalistische Prämisse, dass die Spielregeln und Abläufe dieser gesellschaftlichen Veränderung in ihren Verantwortungsbereich fallen. Nach dem gleichen Muster wird verfahren, wenn Schwarze oder People of Colour aufgebracht nach dem Ende ihrer Unterdrückung verlangen oder jungen Menschen der Kamm schwillt, weil zeitgleich mit dem Planeten ihre Zukunft zugrunde gerichtet wird. Man fühlt sich von ihnen bedroht, es geht alles zu schnell und schon mal gar nicht in diesem Ton. Die Dringlichkeit der Bestrebungen wird durch die beleidigte Verdrossenheit derer, die die Ungerechtigkeiten mitverursachen, heruntergespielt. Womit dann auch klar wäre, wer wieder im Zentrum des Geschehens steht: Alten, *weißen* und/oder männlichen Gefühlen ist Priorität einzuräumen! Das Verkennen und Nicht-Hinterfragen von eigenen Privilegien führt zu Empörung aufseiten der ohnehin Bevorrechteten, bloß weil plötzlich verlangt wird, dass sie zuhören.[115] Artikulierte Wut spricht ihnen die Überlegenheit ab, was wiederum mit Feindseligkeiten und Aversionen vergolten wird.

Wer ein System ablehnt, das manchen eine Bevorzugung garantiert, und sich solch abgekarteten Diskussionen verweigert, kriegt zuweilen *Cancel Culture*[14] unterstellt. *Darf man überhaupt noch seine Meinung sagen?* Ja, das darf man durchaus, man darf aber nicht annehmen, dass das keine Widerworte provoziert. Wer damit nicht umgehen kann oder will, hat bloß Angst vor dem Verlust der eigenen Macht. Das behindert den Diskurs, indem dann Redefreiheit auch da Gültigkeit hat, wo sie rassistisch oder sexistisch

---

14 Laut Oxford Dictionary bezeichnet *Cancel Culture* die Praxis, jemanden aus dem sozialen oder beruflichen Leben auszuschließen, indem man sich weigert, mit ihm*ihr zu kommunizieren, weil er*sie etwas gesagt oder getan hat, mit dem andere Menschen nicht einverstanden sind.

ist, nicht aber dort, wo genau das missbilligt wird.[116] Wenn man sich durch die Anmerkungen marginalisierter Gruppen immerzu gebeutelt fühlt, verkennt man, dass ihnen tatsächliche Zensur standardmäßig widerfährt (s. Silencing). Und wenn ein *weißer* Mann auch mal eins auf den Deckel bekommen hat, dann ist das möglicherweise eine interessante Anekdote, aber keine sozialpolitische Angelegenheit. Doch in Windeseile werden wahlweise umgekehrter Rassismus und/oder umgekehrter Sexismus als Totschlagargumente ausgepackt. Das Verlangen nach Gleichberechtigung wird als Racheakt gebrandmarkt.

Man braucht allerdings auch nicht so zu tun, als hätten einige Menschen keinen Grund, voreingenommene und vergiftete Gefühle zu verspüren. Misandrie, der Hass von Frauen gegenüber Männern, ist meist eine Reaktion auf Misogynie, den Hass auf Frauen, beziehungsweise ist Verachtung von *Weißen* eine Reaktion auf die Verachtung von Schwarzen. Für umgekehrten Sexismus oder Rassismus aber fehlt es schlicht und ergreifend an Kapazitäten, um diese Antipathie je in eine Form der Benachteiligung zu gießen, die auch nur annähernd der Diskriminierung durch Misogynie und Rassismus gleichkommen würde.[117] Erst das Zusammentreffen von Vorurteilen mit der politischen, kulturellen und wirtschaftlichen Macht, diese Vorurteile zu spürbaren sozialen und politischen Benachteiligungen zu formen, entfesselt Diskriminierung. Systemische Machtverhältnisse machen umgekehrten Rassismus und Sexismus zu einem Ding der Unmöglichkeit.[118]

Ein weiterer frustrierender Coup, um einer klärenden Diskussion auszuweichen, ist es, sich hinter *Whataboutism* zu verschanzen. Anstatt auf eine schwierige Frage oder Anschuldigung einzugehen, antwortet man mit einer Gegenfrage oder lenkt die Aufmerksamkeit anderweitig auf ein anderes Thema. Poltere ich, dass durch eine weltweite rein pflanzliche Ernährung 51 Prozent der Treibhausgasemission eingespart werden könnten, dann kriege ich entgegengeblafft, dass es in der Mongolei aber nur Fleisch zu essen gebe. Ich frage mich, was mein nicht-mongolisches Gegenüber davon abhält, sich vegan zu ernähren, auch wenn vielleicht noch nicht ausbaldowert ist, was sich in Ulaanbaatar machen lässt. Das Ansinnen wird für unrealistisch, übersteigert und unsinnig erklärt, nur weil man nicht den vollständigen Masterplan zur Lösung aller Probleme unterm Arm klemmen hat. Die Tatsache, dass es unter den gegebenen Umständen unvorstellbar ist, dass weite Ländereien wieder bewaldet und indigenen Völkern zurückgegeben werden würden, wenn sie nicht mehr zur Viehfutterproduktion genutzt werden würden, spricht auch nicht gegen Veganismus, sondern bloß dafür, den ökologischen Kampf mit dem sozialen zu verbinden. Wer wagemutig genug ist, das Ende der Kohleförderung zu verlangen, bekommt entgegengeschmettert: *Aber was ist mit den Arbeitsplätzen?!* Die Forderung nach einer klimaorientierten Wirtschaft ruft mehr Abwehr hervor als das Dahinscheiden der natürlichen Lebensgrundlage.

Dabei behauptet ja auch niemand, dass es einfach wird, die Erde vor uns zu retten, nur lassen können wir es deswegen nicht. Die Irreversibilität von veränderten Ökosystemen schlägt derweil in keiner ökonomischen Kalkulation zu Buche.[119] Und das, obwohl selbst das World Economic Forum unter den Top 6 der globalen Risiken, neben Massenvernichtungswaffen und Infektionskrankheiten (wir sprachen bereits über die Ausbreitung von Zoonosen durch Umweltzerstörung), vier ökologische Bedrohungen auflistet.[120] Auch der Allgemeinplatz, dass woanders alles noch schlimmer sei, ist kein Argument. Dies ist kein Wettbewerb des größten Leidens. Und andersherum abwiegelnd zu sagen, dass hier aber *doch nicht alles schlecht* sei, bringt eine*n schnell in die prekäre Lage, theoretisch auch eine verschwurbelte Methodik dulden zu müssen, wie etwa die den Holocaust relativierende Argumentation, dass man durch Hitler wenigstens die Autobahn hätte.

Zu guter Letzt haben wir natürlich noch das besagte Kopfschütteln und den Vorwurf der Pietätlosigkeit (s. Vorwut) als Resonanz auf Wut. *Wütend zu sein ist schlechtes Benehmen!* Ist es das? Dass die Tochter einer somalischen Bäuerin im Internierungslager geprügelt und vergewaltigt wird oder im Mittelmeer ertrinkt, weil ihre Existenzgrundlage durch den Export EU-subventionierter Massentierhaltungsabfälle und unseren CO_2-Ausstoß zerstört wird, und ihr ein sicherer und legaler Einreiseweg in eben jene EU verwehrt bleibt, das ist pietätlos, verwerflich und widerlich. Darum könnte es doch mal gehen, darüber könnte man den Kopf schütteln und vor allem so richtig wütend sein. Die Wut auf die Faktenlage und vor allem unseren geleisteten Beitrag dazu einfach abzutun, um den biederen Anstand nicht zu verletzten, verschleiert das Ausmaß der Misere und die Notwendigkeit zu handeln.

Stetig gefälligere, weniger konfrontative Emotionen einzufordern oder zu präsentieren, wird einem authentischen menschlichen Austausch nicht gerecht. Natürlich müssen andere Gefühle dafür nicht weggedrückt oder ignoriert werden. Eine Vermessung der eigenen Emotionslandschaft und das sorgfältige Einordnen von Empfindungen sind unabdingbar, wenn man mit sich und seiner Mitwelt ehrlich sein will. Es gibt Momente, es gibt Begegnungen, in denen es richtig und wichtig ist, Schmerz zu teilen.

Aber eine Vielzahl meiner Emotionen gehen nicht jede*n etwas an, vor allem nicht, wenn ich gerade eine andere als bedeutsam deklariert habe. Mein Kummer und noch mehr der Schmerz derer, die jemanden auf dem Meer verloren haben und das Trauma über das, was sie auf ihrer oft jahrelangen Flucht über sich ergehen lassen mussten, sind sehr persönliche Empfindungen. Man kann solche Gefühle nicht plump einfordern. Im Zweifelsfall fehlt es an Verbundenheit, um dem gemeinsam gegenüberzutreten und die Ursache des Schmerzes zu identifizieren und im Bestfall zu tilgen. Es ist anmaßend, vorauszusetzen, dass diese erforderliche Vertrautheit umgangen werden kann, indem man motivationslos an den Symptomen herumdoktert.

Simple Trauerbeschwörungen zum raschen Abhaken der Problematik adressieren nichts als egoistische Befindlichkeiten, während sie die eigentlich Betroffenen ausklammern – sie verkörpern ein gefälliges Drehen ums Selbst mit dem alleinigen Zweck, sich rechtschaffener und moralischer fühlen zu können. *Hach ja, das ist wirklich alles schrecklich*, und alles bleibt beim Alten.

Auch rührselige Schuldbekundungen und Scham bringen niemanden weiter. In Tränen auszubrechen, weil man soeben erkannt hat, was man jemandem angetan hat, ist tendenziell übergriffig. Man zwingt das Gegenüber dazu, sich jetzt auch noch diesem schlechten Gefühl anzunehmen. »Schuld ist keine Reaktion auf Wut«, stellte Lorde fest, »sie ist eine Reaktion auf die eigenen Handlungen oder die Untätigkeit«.[121]

Schuldempfinden hat hingegen einen verdienten Platz und einen Sinn, wenn sich daraus ein Impuls zur Veränderung ableitet. Als Repräsentantin Deutschlands bat die Bundeskanzlerin im Jahr 2012 die Angehörigen der NSU-Opfer um Verzeihung und bekundete somit Schuld.[122] Der erste NSU-Mord wurde ganze zwölf Jahre früher verübt, als der 39-jährige Enver Şimşek im September 2000 mit acht Kugeln aus zwei Pistolen hingerichtet wurde. Gamze Kubaşık, deren Vater Mehmet 2006 erschossen wurde, erzählte, wie Angela Merkel ihr persönlich versprach, »dass alles unternommen wird, um die Taten vollständig aufzuklären.«[15] Als

---

15 Das kam reichlich spät, denn zunächst wurde jahrelang gegen die Opfer und ihre Angehörigen ermittelt. Das rassistische Repertoire der Polizei zeigte sich neben der Totalverweigerung, die Taten mit Rechtsradikalismus in Zusammenhang zu bringen, auch in der offiziellen Bezeichnung »SoKo Bosporus«. Zehn Morde, 43 Mordversuche, drei Sprengstoffanschläge und 15 Raubüberfälle gingen auf das Konto des NSU. Erst nach den Selbstmorden von Mundlos und Böhnhardt Ende 2011, die den NSU offenlegten, kamen die Strafverfolgungsbehörden nicht mehr umhin, in Richtung rechtsradikaler Attentäter*innen zu ermitteln.

Nächstes aber erfuhr Kubaşık, dass beim Verfassungsschutz vorsätzlich wichtige Akten des Falls geschreddert wurden. Zu keinem Zeitpunkt zog das eklatante und vor allem mutwillige Scheitern von Sicherheitsbehörden, Polizei und Verfassungsschutz Konsequenzen nach sich.[123] Das Resümee des NSU-Prozesses: Neben einem wutmachenden Urteil, aufgrund dessen die Anwälte der Nebenkläger*innen den Richter*innen eine *hässliche Gleichgültigkeit* und dem Rechtsstaat sein *Versagen* attestierten,[124] entschied man sich auf anderer Ebene, ganze drei Verfassungsschützer*innen aus der Abteilung Rechtsextremismus strafzuversetzen – 47 andere hingegen beförderte man lieber.[125]

Nun braucht man Merkel nicht die alleinige Schuld für dieses Fiasko mit Ansage zuzuschieben, aber ein ausgedehntes Terrornetzwerk, das über einen Zeitraum von sechs Jahren geradezu ungestört töten kann, bildet sich nicht im luftleeren Raum. Die Gesellschaft und der Staat sitzen mit auf der Anklagebank, da ein weitreichendes Rassismusproblem in diesem Land und in seinen Institutionen beim besten Willen nicht verleugnet werden kann. Darum ist es umso bitterer, dass die einst bekundete Schuld einem dahingesagten Neujahrsvorsatz glich – zwar in die Vergangenheit gewandt, aber genauso folgenlos. »Frau Merkel hat ihr Versprechen nicht gehalten«, sagte Elif Kubaşık, Mehmets Witwe, voller Wut.[126] Auf ihre Verärgerung reagierte wiederum niemand und man beschränkte sich auf die Beteuerungen von gesehener und geteilter Trauer. Die Kanzlerin verwies auf eine gemeinsame »Hoffnung und Zuversicht für eine gute Zukunft.« Woher die Angehörigen der

Opfer und People of Colour, ob Deutsche oder nicht, diese Zuversicht nehmen sollen, ließ sie dabei offen.

Hohle Schuldbekundungen verlangen nach Vergebung, unabhängig davon, ob das zornige Gegenüber überhaupt bereit dazu ist und auch losgelöst davon, ob sich je etwas ändern wird. Schuld kann wie ein Schild vor sich hergetragen werden, um die Ohnmacht und eigene Untätigkeit zu schützen. Die Deutungshoheit darüber, was passieren und worüber gesprochen werden muss, beanspruchen die *Schuldigen* erneut für sich. Und so wurde auch eine Gedenkstätte eingerichtet, ohne überhaupt die Verbliebenen der Opfer darüber zu informieren, noch sie zur Einweihungsfeier einzuladen.[127]

Es fehlt uns an Übung im Umgang mit Wut. Es ist an der Zeit, das zu ändern. Denn die Chance, sich immer wieder selbst zu reflektieren und die Fähigkeit, Kritik auszuhalten, sollten als genau das betrachtet werden: Chancen und Fähigkeiten. Man sollte dabei nicht erwarten, dass man alles auf dem Präsentierteller serviert bekommt. Viele wütende Stimmen erzählen keine neuen Geschichten, sondern solche, die bisher nicht gehört werden wollten. Wer sich wundert, dass es weiterhin rassistische Diskriminierung und Gewalt in Deutschland gibt, der*die darf sich gerne eigenständig darüber schlaumachen, ob es sich dabei um losgelöste Einzelphänomene oder um strukturelle Probleme mit langer Historie handelt.[16] Wer die Wut von anderen nicht abtun will, der*die muss sorgsam zuhören und darf sich nicht in Abwehr, fadenscheinige Abwiegeleien oder Defensivität flüchten. Wut und Zorn beinhalten eine Fülle von Informationen, die für ein Miteinander ausschlaggebend sind.[128] Diese Informationen können wir nutzen oder verspielen. Wer die Wut eines Gegenübers zulässt und aushält, nicht entnervt abwinkt, die Wut relativiert oder lächerlich macht, sondern sich nach Kräften bemüht, aus der Perspektive der Zornigen zu lernen, eröffnet neue zwischenmenschliche und gesellschaftliche Räume, die von Inklusion und Respekt geprägt sind. Wenn wir uns gegenseitig für voll nehmen wollen, dann müssen wir die Wut normalisieren, anstatt sie zu dämonisieren.[129]

Ein Wutanfall ist dabei längst noch kein Argument und auch durch den größten Zorn erwirkt man nicht, recht zu haben. Das Ziel ist nicht, dass sich alle nur noch anschreien (außer wenn ich Hunger habe, dann geht es leider nicht anders). Wer nur noch brüllen kann, der hat eventuell einen Tobsuchtsanfall – vielleicht, weil ihm*ihr ein ver-

---

16 Schnell-Test zur deutschen Rassismusgeschichte – was trifft zu?
a) Das deutsche Kolonialreich umfasste Teile der heutigen Staaten Burundi, Volksrepublik China, Gabun, Ghana, Kamerun, Namibia, Nigeria, Papua-Neuguinea, Republik Kongo, Ruanda, Tansania, Togo, Tschad, Zentralafrikanische Republik und mehrere Inseln im Westpazifik und Mikronesien.
b) Der erste in der Geschichtsschreibung anerkannte Genozid des 20. Jahrhunderts wurde in deutschen Kolonien begangen.
c) Bis heute gibt es keinen hiesigen Gedenkort oder -tag für die Opfer des deutschen Kolonialismus.
d) Alle Aussagen treffen zu.

nünftiger Ausdruck von Wut zu lange versagt wurde. Und wenn nichts bleibt, außer laut zu werden, um psychische und physische Grenzen zu verteidigen, dann ist man damit auch nicht automatisch im Unrecht. Genauso wenig können uns passiv-aggressive Sticheleien oder strafendes Schweigen dabei helfen, unserem Unmut gebührend Luft zu machen. Selbstredend darf die Wut von anderen und muss die eigene hinterfragt und ihrem Ursprung auf den Grund gegangen werden. Nicht die Lust am reinen Streit darf im Vordergrund stehen, sondern die Lust, dabei etwas mitzuteilen, zu erfahren und zu klären. Wir müssen sortieren, sezieren und begreifen, was genau an uns nagt, um konkrete Änderungen von unserer Umgebung und uns selbst fordern zu können. Das kann schon mal kompliziert sein, es sind ja alle wegen so unterschiedlicher Dinge sauer. Aber eine Konfliktkultur, die dem Knigge, Ängsten, Vorurteilen und Machtspielchen unterliegt, wird nie allen die Möglichkeit bieten, sich selbst zu behaupten und ein persönliches oder gesellschaftliches Problem zu benennen.

Schön und gut. Aber sind nicht die, die mir Morddrohungen senden oder mir Massenvergewaltigungen durch messerwetzende Migranten und Zwangsehen mit Dschihadisten an den Hals wünschen, nicht auch bloß wütend? Genauso wie Incels, Straßengangs und die Faschos vom Nordkreuz? Dürfen die das also?

Ja beziehungsweise natürlich nein. Wut ist wie gehabt erst mal nur eine Emotion und steht damit allen zu. Was man damit anfängt, ist ein nächster Schritt. Wenn die Wut auf nichts als auf einen abwärts gerichteten sozialen Vergleich hinausläuft, dann ist das natürlich Mist. Kam der Ursprung ihres Zorns aus der Ablehnung einer verspürten Unterlegenheit (anders ist solch peinliche Boshaftigkeit kaum zu erklären, es sei denn, die haben alle pausenlos einen leeren Magen), setzt man dem sofort das nächste Machtverhältnis entgegen. Der Nachteil soll gefälligst anderen widerfahren. Um sich selbst besser zu fühlen, verachtet man der Einfachheit halber andere Menschen – Frauen, Schwarze, Flüchtende oder wessen Gesicht einem gerade halt nicht passt. In dieser eindimensionalen Realität, die sich nur ums eigene Ich dreht, dient der Hass lediglich der eigenen Selbstwertsteigerung.[130] Es geht nicht um die Lösung von Problemen, sondern um Neid, Feigheit, Polemik, Ressentiments und Vorurteile. Ja, sie sind wütend, aber darum muss man nicht zwingend ein*e machtbesessene*r Angstbürger*in werden und hasserfüllten Wahnvorstellungen erliegen.

Der böse Spuk beginnt beim Vorurteil. Wir alle haben Vorurteile, das brauchen wir uns nicht schönzureden. Menschen stecken andere Menschen in die »vorgegebenen« Schubladen ihrer jeweiligen sozialen Zugehörigkeitsgruppe. Daraus entwickeln sich Gedanken und Gefühle, die dem Gegenüber Stereotype und Verallgemeinerungen überstülpen möchten, die auf keinerlei oder nur wenig Erfahrung und Austausch mit dem Individuum und seiner*ihrer sozialen Gruppe beruhen. Die Frage ist, wie man mit diesen Vorurteilen umgeht: Stellt man sie auf den Prüfstand oder übersetzt man sie unreflektiert in seine Denk- und Verhaltensmuster?[131] Entscheidet man sich für Letzteres, landet man unversehens beim Ressentiment, einem grollenden stillen Vorbehalt gegen irgendwen oder irgendwas, der durch (vermeintlich) erlittenes Unrecht bedingt ist. Damit ist das Ressentiment der Wut also recht ähnlich, aber ein ausgewachsenes Gefühl ist es nicht. Ressentiments sind im Hintergrund rauschende Abneigungen, die sich ablagern, wenn das ungute Gefühl, wo es möglich wäre, nicht durch Selbstkritik aufgelöst oder der Zorn nicht in Gänze zugelassen wird. So entsteht eine quengelige, latent gehemmte Missstimmung, die sich schwer artikulieren lässt und gerne mehr wäre – eine richtige ausgegorene Emotion. Genau dieses Verlangen nach Wachstum öffnet Tür und Tor für heftige Verneinungsgefühle wie Angst, Verachtung und Hass.[132]

Das mit der Angst ist so eine Sache, denn wir können vor wirklich seltsamen Dingen Angst haben. Nicht nur das Monster unterm Bett oder der Zahnarzt versetzen uns in Furcht und Schrecken, sondern auch generalisierte Ängste, die auf nichts Spezifisches gerichtet sind, können uns reiten. Wenn ich mein Gefühl von Unbehagen und Ängstlichkeit nicht mit einer konkreten Begebenheit unterlegen kann, dann sehnt es mich danach, der Furcht trotzdem einen Sinn zu geben und sie künstlich zu rationalisieren. Wenn eine solche sinnsuchende Angst nun auf ein Ressentiment mit Wachstumswunsch trifft, dann verwandelt sich diese Mischung Knall auf Fall in ein mit Vorurteilen und Verallgemeinerungen gespicktes Gefühlserlebnis, das auf bestimmte Personen oder Gruppen abzielt.[133] So kann zum Beispiel aus dem heimlichen Groll über die eigene soziale

Stellung, gepaart mit der rumorenden Ängstlichkeit vor weiteren Konkurrent*innen, das volle Gefühl von Verachtung für oder gar Hass auf Menschen anderer Herkunft entstehen. Der Abscheu wiederum ist es völlig egal, wie konstruiert sie ist.[17] Eine der fundamentalsten Ängste, die viele Formen von Feindseligkeiten befeuert, ist die um Identität. Mit Zähnen und Klauen wird das als »Selbst« erlebte Innere verteidigt. Hegt man dabei auch noch Zweifel an seinen Fähigkeiten, hat also ein generelles Unvertrauen in die eigene Person, wird die Vorstellung von Egalität zu einer Horrorvision. Wenn ein Mann etwa seine Identität vor allem durch sein Mann-Sein erfasst, das sich für ihn aus der Abgrenzung zur Frau ergibt, was passiert mit ihm, wenn die binären Kategorien umdefiniert werden und andere hinzukommen? Frauen sind »plötzlich« auch stark und unabhängig, dafür gibt es Männer, die Röcke tragen, und Menschen, die sich keinem Geschlecht zuordnen oder ihr biologisches Geschlecht ihrem sozialen angleichen usw. Ohne ein simpel skaliertes Raster zur Dichotomie von »Mann oder Frau« fällt man(n) auf sich selbst zurück mit der Frage, wer und was »er« ist. Die quälende Unsicherheit darüber, was ihn nun in seiner Existenz bestätigen könnte, und die Frustration über den Definitionsaufwand können in Frauenhass oder Transphobie münden.

Wer sich an Familien mit zwei Vätern oder Müttern

---

17 *Schrödingers Ausländer*, also das Hirngespinst über zugewanderte Menschen, die zu faul zum Arbeiten und somit Sozialschmarotzer sind, es dabei aber gleichzeitig schaffen, »uns« die Arbeitsplätze wegzunehmen, ist ein hervorragendes Beispiel dafür.

stört, der*die tut das nicht, weil sich das Konzept negativ auf sein*ihr persönliches Leben auswirken würde. Das drohende »Unheil« ist die Zerstörung des klassischen Konstrukts der Ehe mit der Frau als Heimchen, die ihrem Naturell entsprechend unbezahlt den Haushalt schmeißt, emsig Erziehungs- und Gesundheitsmanagement der Familie übernimmt und dem Mann gehorsam Pantoffeln und Sonntagsbraten hinstellt. Das Vorkommnis einer gleichgeschlechtlichen Ehe zwingt uns, althergebrachte geschlechtsbezogene Rollenverteilungen und sich daraus ergebende Identitäten infrage zu stellen – daher rührt der Gegenwind.[18] »Vorgegebene Rollen vereinfachen vieles. Aber sie beschränken eben auch«, fasst Margarete Stokowski das für uns zusammen.[134] In diesem Fall betreffen diese Beschränkungen hauptsächlich die anderen. Dem »männlichen« Geltungsbewusstsein haftet die Angst an, dass eine Frau sich selbst genügen könnte. Aus dieser Furcht vor Abkömmlichkeit erwächst hier die Homophobie.

Identitätswahrung ist auch für Frauen ein hohes Gut. Für viele von ihnen ist daher der Feminismus immer noch ein negativ besetztes politisches Feld. *Ich bin ja auch für Gleichberechtigung, aber diese unrasierten Aggro-Kampflesben, die BHs hassen und Männer fressen, das ist mir zu krass.* Es lässt sich festhalten, dass ja nun nichts weiter schlimm daran ist, eine entschiedene, selbstbewusste Frau zu sein, die andere Frauen liebt und Männer eben nicht. Solange

---

18 Darum tut auch jede*r, der*die sich für die Stärkung der LGBTQIA*-Community einsetzt, automatisch cis-Frauen einen riesigen Gefallen.

der Kannibalismus metaphorisch bleibt, gibt es auch daran nichts auszusetzen. Die Unrasiertheit von Körpern, die nicht mein eigener sind, geht mich herzlich wenig an und hat genauso wenig Einfluss auf mein Dasein wie das Liebes- und Sexualleben anderer Menschen. Hat man als Frau jedoch verinnerlicht, sich über die Stereotypen angeblicher Weiblichkeit zu definieren – dem Manne ergeben, fürsorglich, milde, Schönheitsidealen nacheifernd –, dann sieht die Sache ganz anders aus. Wenn die »Kampflesbe« mit ihren davon abweichenden Eigenschaften nämlich auch eine Frau ist, dann flutscht der anderen dadurch die Definition der eigenen Sexualität und Geschlechtsidentität durch die Finger. Die »Kampflesbe« wird zum Erhalt des Selbstbildnisses verachtet und prompt die Unterdrückung der Frau durch andere Frauen unterstützt.

Wenn das Ego gänzlich überfordert mit der Verifizierung seiner selbst ist, wird kurzerhand ein synthetisches Wir-Gefühl aufgeblasen. Durch die Abgrenzung zu »Anderen« und dem Schaffen eines gemeinsamen Feindbildes entsteht ein neues Identitätsraster, in dem man sich ohne viel Aufwand und Können einordnen kann: Wir vs. die Anderen. Je mehr man jetzt diese ach so Anderen schmäht, desto stärker wird das identitätsbestärkende Wir-Gefühl. Wenn diesem fiebrigen Gefühl Raum geboten wird, dann können vorurteilsvergiftete Verbitterung oder angstzersetzte Verachtung leicht in Fanatismus umschlagen. Wenn man den in einer Gruppe auslebt, fühlt sich das besonders befriedigend an, weil die eigenen Gefühle bestätigt werden und umgekehrt.

Im Nullkommanix hat man eine von Misstrauen und Verachtung geleitete Bewegung, die immer nur gegen etwas ist, anstatt wirklich für etwas zu sein. Ihre Anhänger zürnen der Welt und stellen das Gefühl auf Dauerschleife. Anstatt der Wut die klärende Wirkung abzuluchsen und Ursachenforschung zu betreiben, will man sich lieber ohne Unterlass unrecht behandelt wähnen. Dann hat man es sich in seiner Wut bequem gemacht und sie zum Hass erhoben und kann zur nächsten Pegida-Demonstration gehen.

Den Hass auf diese Anderen kann man geschickt verpacken. *Unser Vaterland, unsere Kultur, unsere Werte und Traditionen, unsere Frauen!* Diese obsessive Hingabe zum Eigenen und die Pinselei des eigenen Bauchnabels triefen vor Hochmut. Doch dieser Hochmut hat einen folgenschweren Haken, denn so sehr er eine*n auch selbstbeweihräuchert, so sehr macht er von den missliebigen Anderen abhängig. Wenn ich mich nicht aus mir selbst heraus definiere, dann wird der Vergleich existenziell. So wird das, was man verachtet und von dem man sich abheben will, zur Grundlage der Identitätsdefinition. Damit diese Gegenüberstellung im Sinne der Hassenden »aufgeht«, braucht es eine große Empfänglichkeit für identitätsbestätigende Falschinformationen, während Realität und Fakten unweigerlich bedrohlich sind.[135]

Wut kann also sowohl für sinnvolle als auch für sinnfreie bis zerstörerische Gedanken, Aussagen oder Verhaltensweisen Katalysator sein. Sie muss nicht das Trittbrett dazu werden, sich kreischend vor das Supermarktregal zu werfen (obwohl die Versuchung manchmal wirklich groß ist), ebenso wenig wird durch das Aufkeimen der Emotion automatisch eine Terrorzelle gegründet. Die private und soziale Relevanz der Wut hängt daher ab von ihrem Anlass oder ihrem Ziel und davon, zu welchen Handlungen sie uns treibt – dann nämlich, wenn wir mit unserer Mitwelt in Kontakt treten. Die Rage als Selbstzweck und/oder über ein frei erfundenes Szenario ist durch ihre kommunikative Impotenz nicht nur überflüssig, sondern schädlich. Wir müssen daher tunlichst zwischen Wut und Hass unterscheiden und uns gerade wegen der Gefahr von Hass unserer Wut bewusst sein. Wo Hass boshaft, besinnungslos und vernichtend ist, nimmt Wut die Schwierigkeit in Angriff, unterschiedliche Positionen zu einem wechselseitigen Austausch zu bringen, um so Veränderung herbeizuführen. Durchdachte Wut will Debatte, Verständnis, Widerspruchsrecht und Diskurs. Wut richtet sich an die anderen und verbindet somit, sie annihiliert nicht.

Es gibt also nicht nur eine psycho-hygienische, sondern auch eine solidarisch-demokratische Verpflichtung zu dezidierter Wut. Sie ist ein Werkzeug, das stets geprüft werden will, damit, wer wütend ist, nicht den Verstand verliert, sondern ihn schärft. Man darf im Übrigen auch mal feststellen, dass man zu Unrecht sauer war (sorry, Danny Elfman).

4

Von Schwärmen schwärmen

Wer jetzt euphorisiert auf dem Sessel hin- und herrutscht, den*die muss ich leider enttäuschen. Wut ist nicht die Antwort auf die Frage *nach dem Leben, dem Universum und dem ganzen Rest.*[19] Ich kann den lieben langen Tag fluchend mit stampfenden Füßen auf dem Marktplatz im Kreis laufen, mich auch noch dafür beklatschen lassen und im gleichen Moment sinkt trotzdem ein Schlauchboot mit 150 Menschen, da sich die Notrufleitzentrale in Rom mal wieder nicht zuständig fühlt und die libyschen Milizen freitags nicht verschleppen, weil Ruhetag ist.[136] Wütend zu sein ist nicht die magische Lösung aller Probleme, aber es ist eine Bewegung dorthin, der Motor, weitere Schritte überhaupt zu gehen.

Konflikte und Positionen können durch Wut ins rechte Licht gerückt werden. Sie ist zugleich Antrieb und Aufforderung, Differenzen nicht weiter zu verharmlosen oder abzutun, sondern sie neu auszuloten und anzugehen. Gescheit Wütende möchten zur Dissonanzreduktion nicht aufs Leugnen zurückgreifen, sondern auf handfeste Ver-

---

19 Die Antwort lautet natürlich 42.

änderung, und haben damit Zugang zu Ideen, die ansonsten vortrefflich unter den Teppich gekehrt werden können. Richtig verstanden und reflektiert, kann Wut uns ein gesundes Selbstbewusstsein geben. Mit dieser Stärke gerüstet, lässt sich auf Menschen in unserem Umfeld Einfluss nehmen und auf ihr Verhalten einwirken. Plötzlich lässt sich in Worte fassen, wo man sich übergangen fühlt und warum. Man hat erkannt, wo man eine Meinung hat und traut sich zu, Stopp zu sagen und einer Bedrohung entgegenzutreten. Dabei bedeutet »selbstbewusst« nicht, überheblich zu sein, sondern buchstäblich »sich seiner selbst bewusst zu sein«, und kann damit auch Kritik an der eigenen Person beinhalten. Wenn man sich die Wut zugesteht, dann entzieht man sich Angst und Scham und wagt einen Schritt aus der Passivität zu Verantwortung und Empowerment. Das ist immer auch mit dem Risiko verbunden, eine Reaktion zu erfahren, die schmerzvoll ist. Wenn sich das Umfeld, egal ob das eine Person oder ein Großteil der Gesellschaft ist, nicht für die geäußerten Bedürfnisse interessiert, wird klar, wer alles mitverantwortlich für das eigene Dilemma ist. Hat man die Wut erst einmal für sich entdeckt, kann sich der Eindruck aufzwängen, man stünde alleine da und schreie in den Sturm. Bis man plötzlich einen Aufwind spürt und Mitstreiter*innen findet. Die Konfrontation zeigt uns auf, wer an unserer Seite ist und auch, wer bereit ist, bestehende Differenzen zu überwinden. Darum ist die Wut nicht nur im persönlichen und direkten Austausch förderlich, sondern auch essenzielles Rüstzeug für gesellschaftliche Prozesse. Denn die Wut weist nicht nur das Gegenüber in die Schranken, sondern ermöglicht auch den Zusammenschluss mit denen neben mir, um gemeinsam für Neuerungen zu kämpfen.

Wenn wir uns als Teil einer sozialen Gruppierung verstehen und herausfinden, dass wir nicht alleine sind, dann ist das Balsam für die Seele und vermindert die Tendenz zum Self-Silencing und zu Autoaggressionen.[137] Nach außen hin machen kollektive Wut und ein aufgeklärtes Zugehörigkeitsbewusstsein zu einer Gruppe (sei es als direkt Betroffene*r oder in Solidarität) das gemeinschaftliche Anliegen zum Politikum. Denn unter Benachteiligung, Unterdrückung oder Diskriminierung zu leiden, macht eine*n zwar zum Teil einer Gruppe *an sich* (Frau, Schwarz, von der Klimakatastrophe bedroht), aber damit ist noch kein Blumentopf zu gewinnen. Wer sich aber zusammentut und organisiert, der ist Teil dieser Gruppe *für sich*.[138] Ein solcher Zusammenschluss kann eine gemeinsame Kritik formulieren, die die bestehenden Verhältnisse infrage stellt und stört. Mit vereinten Kräften lässt sich so manche verkrustete Struktur aus den Angeln heben.

Grundlegende Veränderungen kamen immer nur zustande, weil eine Handvoll engagierter Menschen ihre Wut sinnvoll nutzten, um sich für oder gegen etwas einzusetzen. Das Anliegen einer befreiten Gesellschaft für alle musste in der Geschichte immer erst von einigen Wenigen angefacht werden. (Anfängliches) Außenseitertum ist nicht mit politischer Belanglosigkeit gleichzusetzen. Das Ende der Apartheid fand seinen Ursprung genauso wenig in der Mitte einer tiefenentspannten Allgemeinheit wie der Atomausstieg oder die Dekriminalisierung von Homosexualität. Bei den ersten Montagsdemos in der damaligen DDR war der Auflauf des Volkes zunächst bescheiden. Auch Greta Thunberg hat ihren Schulstreik allein begonnen. Um substanziellen Wandel einzuläuten, muss jemand den Anfang machen. Der erste Ruf nach Freiheit erschallt nicht aus der Masse – der Mensch ist ein Gewohnheitstier –, hier hat der Argwohn gegenüber Neuerung und Veränderung seine Heimat. Eine politische Generation existiert daher nicht einfach, sie muss erzeugt werden, sie muss sich erschaffen.[139] Die Courage wütender Pionier*innen kann ansteckend sein und somit Bewegungen wachsen und an Einfluss gewinnen lassen. Das ist eine ebenso emotional wie rational erhebende Erfahrung für alle Beteiligten. Richtig genutzt hat das revolutionäre Kraft.

Man stelle sich vor, sämtliche Frauen dieser Welt würden ihre Wut zulassen und sich nicht mehr in ihrem Recht aufs Neinsagen beschneiden lassen. Unser Leben wäre ein sehr anderes, wenn jeder gewaltsame und sexuelle Übergriff jäh, für alle sicht- und hörbar zurückgewiesen und verurteilt würde. Und wenn alle Frauen die unbezahlte Arbeit liegen ließen und die bezahlte so weit herunterführen, bis sie auf die gleiche stündliche Entlohnung wie Männer kämen, dann würde die Welt, wie wir sie kennen, aus den Fugen geraten.[140] 12,5 Milliarden Stunden unbezahlter Arbeit, die sonst Tag für Tag wie von Zauberhand (also von Frauenhänden) geleistet werden, blieben dann unverrichtet. Obendrauf käme natürlich noch die Reduzierung der bezahlten

Arbeit um 20 Prozent, um bei gleicher Honorierung wie die männlichen Kollegen zu landen.[141] Nicht nur stünden große Teile der Wirtschaft still und bräche das Gesundheits- und Pflegesystem zusammen, vor allem würde das Familienmanagement wegfallen. Wenn Frauen sich nicht mehr wie selbstverständlich kostenlos um die Gesundheit, Ernährung, Entwicklung und Pflege ihrer Kinder und anderer Familienmitglieder kümmern würden, dann würde unser soziales Rückgrat, die elementare Gewährleistung und Organisation des menschlichen Daseins schlechthin, schlagartig in sich zusammenstürzen.[20] Und da Produktion im Kapitalismus auf ausbeutbaren Arbeitskräften basiert, würden wir den in einem Rutsch mit abschaffen.[142] Durch bloßes Nichtstun könnten wir das Patriarchat ins Chaos stürzen. Gar nicht mal so schlecht. Kein Wunder, dass uns die Wut und das Nein so strikt verboten sind.

Also dann, tun wir uns zusammen? Weltweit gingen und gehen Tausende Menschen für unterschiedliche Anliegen auf die Straße – Klimaproteste, Frauenmärsche, Anti-Rassismus-Demos und dergleichen. Aber wenn Demonstrationen und Proteste so toll sind, warum haben sich diese Probleme denn bis jetzt nicht erübrigt? Es gibt keinen Be-

---

20 Es geht nicht darum, ob sich irgendjemand gern oder ungern um die Familie kümmert. Es geht darum, dass es nicht sein kann, dass Hedgefonds-Manager*innen oder Werbetexter*innen sowohl finanziell als auch in ihrem Ansehen bessergestellt sind als Menschen, die im wahrsten Sinne des Wortes existenzielle Verantwortung tragen. Genauso wenig kann es sein, dass diese Verantwortung in einem fort automatisch Frauen zufällt.

richt, in dem steht, dass die Meere wieder voll des Lebens oder Kriege und Hungersnöte ein Gräuel vergangener Zeiten sind. Und obwohl ich schon auf mehreren Seebrücken-Demos war, gibt es immer noch keine sicheren Häfen für Flüchtende. Was ist da los?

Es gibt Dinge, die müssen leider immer und immer wieder gesagt werden. Es braucht oft laute und deutliche Wiederholung, bis ein Anliegen Gehör findet. Das ist mühselig und frustrierend und so manche emanzipatorische Forderung wie zum Beispiel der Ruf nach der Befreiung der Tiere, kann zwischendurch immer wieder verhallen. Scheinbar ungeachtet dessen, dass Pythagoras den Vegetarismus schon 500 v. u. Z. philosophisch begründete und Ovid in seinen *Metamorphosen* vor 2000 Jahren gegen das Essen von Tieren argumentierte, sind wir kaum einen Schritt weitergekommen.[143] Auch unter den Pariser Kommunarden und in den feministischen Bewegungen des 19. Jahrhunderts haben die Rechte der Tiere viele Fürsprecher*innen gehabt. Historisch findet das wenig Beachtung und in der Gegenwart wartet man auch weiterhin auf die von Bertha von Suttner ersehnte Zeit, in der »niemand sich wird mit Leichen nähren wollen« oder die von Rosa Luxemburg geforderte Abschaffung der Todesstrafe – auch für Tiere.[144]

Andererseits sind die stillen Erfolge von Protesten nicht zu unterschätzen. In Deutschland standen einst etliche Atomkraftwerke auf dem Reißbrett, wegen des anhaltenden Drucks der Bevölkerung wurden aber »nur« 37 davon gebaut. Wie vielen homophoben Forderungen wurde der Nährboden entzogen, weil Transgeschlechtlichkeit und

Homosexualität (in einigen Ländern) nicht mehr als psychische Krankheiten gelistet sind? So manche Abscheulichkeit, die mal gang und gäbe war, steht heute aufgrund von deutlichem Widerstand nicht mehr zur Debatte (außer natürlich, wenn die UEFA Viktor Orbán beglücken will und Regenbogenfarben wieder zu einem streitbaren Thema statt zu einer Grundsätzlichkeit erklärt). Es war nicht die Zeit, die diese Wunden heilte (sie werden im Gegenteil zu stinkenden Eiterbeulen, die zum Schlimmsten führen können, wenn man sie nicht ordentlich versorgt). Diese Veränderungen sind nicht einfach passiert, sondern wurden hart erkämpft – und zwar von Bewegungen, nicht von »einflussreichen« Politiker*innen.

Zwingend für weitreichende Veränderung ist allerdings, dass Proteste weit mehr sind als ein unterhaltsames Großevent, auf dem man seine Parolen skandiert. Um nicht als leeres Symbol zu verkümmern, müssen einer Demonstration strukturelle Stärke und Grundsätze zugrunde liegen, auf die man sich weit öfter als am Veranstaltungstag beruft.[145] Wenn wir für A demonstrieren und dann B oder auch einfach gar nichts machen, bringt das natürlich nichts. Wenn alle mit dem SUV zur Klima-Demo fahren und sich danach noch einen Döner holen, anstatt die Industrie der Emissionen zu demolieren, dann bleibt die Katastrophe imminent. Als *Weiße*r* gegen Rassismus auf die Straße zu gehen und damit immer nur die anderen zu meinen, kratzt nicht einmal an der Firnis der strukturellen Diskriminierung. Für Gleichberechtigung die Fahne zu schwingen und sich oder andere trotzdem in alten Rollenverteilungen ver-

und/oder unterzuordnen, ist nicht einmal ein Trippeln nach vorn.

Eine Demonstration dient dazu, eine Bewegung zu stärken, sich mitzuteilen, andere zu beflügeln mitzumachen und die Hand zu reichen, aber sie ist nicht der Wandel schlechthin. Es ist eine Zurschaustellung dessen, was im Alltag umgesetzt werden muss. Der allgemeinen Vorliebe zu Festumzügen zum Trotz: Man kann nicht zur Revolution hingehen, man muss sie sein. Das ist weniger pathosgeladen und glamourös, als es sich anhört. Die Arbeit fängt hier erst richtig an.

Wenn mir die gegenwärtigen Zustände nicht passen, dann ist es unwahrscheinlich, dass gerade die, die von diesen Zuständen profitieren (und sei es nur ein verspürter Gewinn durch die Gewohnheit) vor Entzücken vergehen, wenn ich mich dagegen starkmache. Wenn die Faust jetzt doch mal auf den Stammtisch knallt, weil trotz aller Mahnungen weiterhin rassistische oder sexistische Witze gemacht werden, dann wird der Abend dadurch meist nicht netter. Man kann dann streiten oder sich eine neue Kneipe suchen. Eine andere Gesellschaft gibt es aber leider nicht ums Eck und so muss man mit dem und für den eigenen Platz darin kämpfen. Wenn freundliches Bitten oder auch zornige Rufe zu keinem Ergebnis führen, dann kann es auch mal ans Eingemachte gehen. Mit Konformismus erreicht man herzlich wenig. Es ist die Kernaufgabe progressiver Vorstöße, »zu weit« zu gehen, aus veralteten Normen auszubrechen, um sie neu zu gestalten. Dadurch werden viele Streitthemen zunächst belächelt, verurteilt oder gar verfolgt. Das Anfechten und Brechen ungleichmachender Normen und diskriminierender Ordnungen kann zu grobem Schutz- und Trutz-Verhalten führen. Es wird immer Bemühungen geben, kritische und fordernde Stimmen zum Schweigen zu bringen oder zu dämpfen. Dann muss man sich entscheiden, ob man sich geschlagen gibt oder ob man noch lauter und unbequemer werden will. (Kleiner Tipp: Es ist besser, man gibt nicht klein bei.) Bis die Black-Lives-Matter-Demonstrationen ihre heutige Akzeptanz fanden (die immer noch viel zu spärlich ist), musste ein langer, schmerzhafter Weg des Schwarzen Freiheitskampfes zurückgelegt werden, der noch nicht beendet ist. Proteste gegen soziale Ungleichheit genau wie ökologische Kämpfe weltweit schreiten trotz heftigster Repression voran. Bewegungen können brutal erstickt werden, wie beispielsweise in Belarus. Aber die Anliegen sind damit nicht in Luft aufgelöst. Die Akteur*innen sind nicht verstummt, weil sie nichts mehr zu sagen oder zu fordern hätten – im Gegenteil. Umso wichtiger ist solidarische Wut voller Eifer, Entschlossenheit und Mut.

Man könnte jetzt zur Vermeidung einer Kontroverse so tun, als würde bloßer Wille Berge versetzen und ein großer Umschwung immer ohne Reibereien über die Bühne gehen. Den Leser*innen wird eine solche Auslassung erspart. Oft müssen alte Strukturen und Denkmuster abgeschafft werden, damit Raum und Möglichkeit für etwas Neues entstehen kann. Ein solches »zerstörerisches« Element ist nicht zwangsläufig negativ. Macht, egal ob sozial oder wirtschaftlich ausgeübt, ob demokratisch institutionalisiert oder despotisch indoktriniert, kann auf Dauer nicht ohne Zustimmung der Bevölkerung aufrechterhalten werden. Eine jede Gesellschaftsordnung ist darauf angewiesen, dass sie von den involvierten Menschen wenigstens erduldet wird (manchmal unter Androhung von Gewalt, aber irgendwann scheint das Angedrohte auch nicht mehr schlimmer als das, was bereits ist). Im Umkehrschluss bedeutet das auch, dass dort, wo eine Form von Regentschaft besteht, immer der Entzug der Zustimmung und das Aufwallen von Ungehorsam droht.[146]

Wer wütend Neues fordert, ist daher nebst der öffentlichen Auseinandersetzung oftmals auch mit Staatsmacht und Juristerei konfrontiert. Bei so manchem Protest werden Gesetze gebrochen – sei es unabsichtlich, in Kauf nehmend oder gar mit Kalkül. Manchmal wird man auch einfach dessen bezichtigt, obwohl man überhaupt nichts Unrechtmäßiges getan hat. Das Bestehen auf ein Recht oder eine Umdefinierung dessen, was rechtens ist, bleibt logischerweise nicht ohne Bezug zum Strafgesetzbuch oder dem Ordnungsrecht. Nehmen wir an, das Recht auf einen bewohnbaren Planeten wird von Ihnen höher gewertet als das Recht auf Profit, dann sind Sie alsbald in der Zwickmühle, wenn Sie Ordnungswidrigkeiten vermeiden wollen. Den Aktivist*innen aus dem Hambacher Forst, die sich gegen seine Rodung einsetzen, blieb als einziges Mittel die Besetzung des jahrhundertealten Waldes. Weder jahrelange Debatten oder Demonstrationszüge noch juristische Wege haben zu einem Stopp der Abholzung geführt. Auch im 21. Jahrhundert wurde die Förderung von Braunkohle, des klimaschädlichsten Energieträgers von allen, für wichtiger erklärt als der Wunsch nach einer intakten Biosphäre. Wer nun besetzt und sich dann konsequenterweise weigert, den Forst zu räumen, sieht sich schnell mit dem Vorwurf der Nötigung konfrontiert.[147] Allzu extreme Mittel der Widerwehr, wie das »Trommeln auf einem Lärminstrument«, werden auch mal als schwerer Landfriedensbruch geahndet.[148] Bei den nachfolgenden Prozessen hingegen fielen gehörte Zeug*innen (also Polizist*innen) vorrangig dadurch auf, dass sie auf ihre Anonymität bestanden, sich in Widersprüche verwickelten und spontanen Gedächtnisverlust erlitten. Viele der harten Urteile gegen die Besetzer*innen aus den ersten Instanzen wurden später in der Berufung gekippt.[149] In U-Haft saßen die Waldschützer*innen trotzdem für lange Monate. Trotz aller Unverhältnismäßigkeit der polizeilichen Großeinsätze zur Räumung des Waldes und den schamlosen Strafmaßsetzungen galt die politisch und medial verbreitete Aufregung vornehmlich der vermeintlichen Gewalttätigkeit der Aktivist*innen.[150] 2021 erklärte das Verwaltungsgericht Köln die Räumung dann für rechtswidrig.[151] Damit ist die Weigerung der Besetzer*innen, den Wald zu verlassen, nicht einmal mehr ziviler Ungehorsam, sondern eine Auflehnung gegen staatliche Willkür.

Offenbar wird der Protest von den verschiedenen Seiten sehr unterschiedlich bewertet. Diejenigen, die noch ein paar Jahrzehnte länger zu atmen haben, das Leben höher schätzen als Kapital oder ihre Dörfer den Schaufelradbaggern überlassen sollen, gucken mit andern Augen auf ihre ökologische Umwelt und die illegalisierten Aktionen, als Menschen, die 2050 schon lang beerdigt sind und/oder heute RWE-Aktien halten.

Als Überbringerin vieler schlechter Nachrichten lasse ich Sie wissen: Ein gefällter Wald ist unwiderruflich zerstört. Auch wenn im Nachhinein eingesehen werden sollte, dass es eine ziemlich stupide Idee war, gilt die Konsequenz eines gebrandschatzten Ökosystems lebenslänglich. Die Möglichkeit, etwas über einen undefinierten Zeitraum hinweg auszudiskutieren, gibt es bei der Klimakatastrophe nicht und wer sich nicht mit der Zerstörung abfinden mag, dem*der bleibt heute daher nichts als (teils strafrechtlich verfolgter) Widerstand. Dieser Widerstand ist dringend nötig. Solche Aktionen haben sowohl einen symbolischen Charakter, der die Forderung nach Klimagerechtigkeit in die Öffentlichkeit trägt, als auch einen konkret interventionistischen, wenn Bäume schlicht nicht gefällt werden können. Und siehe da: *Hambi bleibt!* Zumindest bis jetzt. Der unermüdliche Einsatz der Aktivist*innen hat nicht nur viele Menschen in der ganzen Republik und darüber hinaus den Hambi lieben gelehrt, sondern den Diskurs über deutsche Klimapolitik entschieden mitgestaltet.[21] Ich denke, sie kom-

---

21 Die Änderung des Stimmungsbildes geht so weit, dass Armin Laschet – seines Zeichens Kohle-Lobbyist, der auch mal möchte, dass gegen neue EU-Grenzwerte für Kohlekraftwerke geklagt wird, und eben jener Ministerpräsident, der die illegale Räumung mit NRWs teuerstem Polizeieinsatz *ever* anordnete – im Nachgang versuchte, sich die Rettung des Waldes auf die eigene Fahne zu schreiben. Rund um den Forst baggert RWE übrigens weiterhin alles ab und nur einen Steinkohlewurf entfernt wird das Kohlekraftwerk Datteln 4 in Betrieb genommen.

men darüber hinweg, sich dabei nicht nur Freund*innen gemacht zu haben.

Der Vorwurf, dass ein Protest, der sich mit juristischem Recht reibt, unreif und illegitim sei, zeugt von einem gefährlich simplifizierten Demokratieverständnis. Ein solcher Tadel folgt einer Definition, die sich auf die stellvertretenden Institutionen einer Demokratie beschränkt und sie nicht auf Individuen ausweitet – was ja aber nun die Bedingung wäre, wenn man ernsthaft auf eine *Herrschaft des Volkes* hinaus wollte. Ungehorsam ist ein entscheidendes demokratisches Mittel außerhalb der Institutionen, die grundsätzlich und immerzu hinterfragt werden müssen. Das gilt insbesondere, wenn über die Zukunft entschieden wird und gleichzeitig junge Leute nicht wahlberechtigt sind und somit keinen direkten Zugang zu institutionalisierten Entscheidungsprozessen haben. (Und selbst wenn sie wählen dürften, wären sie in einer alternden Bevölkerung trotzdem in der Unterzahl, womit sie das gleiche Problem haben wie andere Minderheiten, die ihre Ansinnen und Interessen nicht adäquat vertreten sehen.)

Indem man bewusst gegen rechtliche Normen verstößt, um sie zu ändern oder ganz abzuschaffen, verlangt man nach Partizipation an der Souveränität. Widerstand ist ein formales Argument, um marginalisierte Gruppen und partizipatorisch Ausgeschlossene in gesellschaftliche Bildungsprozesse einzubinden. Nicht Unordnung und Verderbtheit sind die Folge, sondern eine Neuaushandlung des Miteinanders. Dieses Prinzip von kollektiver Entscheidungsfindung trägt wesentlich zur Demokratiebildung bei.[22] *Höh? Aber wir haben doch schon Demokratie?!* Ja, aber nein. Demokratie ist nie als ein fester Zielpunkt zu erreichen, sondern immer ein dynamisches und offenes *work in progress*. Demokratisierung ist ein ständiger Prozess, der auf Defizite verweist und die Gesellschaft vorantreibt. Das beinhaltet übrigens auch, dass einer Minderheit immer die Chance gegeben werden muss, zur Mehrheit zu werden.[152] Ungehorsam und Widerstand stehen also mitnichten im Widerspruch zu Demokratie, sondern forcieren sie.

Das Prinzip des zivilen Ungehorsams gibt es schon seit der Antike. Mahatma Gandhi war vielleicht der Erste, der dieses Konzept der Auflehnung massentauglich machte. Dabei wird deutlich, dass die Grenzen zwischen zivilem Ungehorsam und Widerstand fließend und klare Definitionen schwer zu postulieren sind. Wer zivilen Ungehorsam begeht, der*die möchte Ansprüche innerhalb einer bestehenden Ordnung durchsetzen. Dafür muss er*sie sich im weitesten Sinne als Teil des Souveräns verstehen, als Mitträger*in dieser Ordnung erachtet werden und zur Mitgestaltung berechtigt sein. Der Ungehorsam wird absichtlich nicht (immer) im Geheimen begangen, sondern viel häufiger in aller Öffentlichkeit. Damit beschränkt sich

22 Darum sind auch Rechtsbrüche und Ungehorsam von rechten Gruppen niemals ziviler Ungehorsam. Die Zielsetzung von Ausschluss, Entrechtung oder gar Vernichtung ist das Gegenteil von »Zivilität«. Die Verweigerung allgemeiner Teilhabe bei gleichzeitiger Beschränkung auf die eigene und einzige »Wahrheit« nimmt rechtem Protest jedwedes (moralisches und demokratisches) Legitimationspotenzial.

das Ausübungsfeld des zivilen Ungehorsams theoretisch auf demokratische Rechtsstaaten und ist dort wiederum nur anerkannten Bürger*innen zugänglich (*zivil* kommt vom lateinischen *civilis,* «bürgerlich, Bürger*innen betreffend«). Diese Verknüpfung der Protestform an den Status der Ausführenden schließt viele Menschen davon aus, beispielsweise solche ohne Papiere. So sind sowohl das Recht auf als auch die Pflicht zum Ungehorsam für verschiedene Menschen und an verschiedenen Orten mit unterschiedlichen Kosten und Risiken verbunden. Ziviler Ungehorsam läuft außerdem immer Gefahr, zum Gehorsam zu verfallen, indem er dieses exkludierende Regelwerk mitträgt und dafür im Gegenzug toleriert wird. Damit erfüllt er nicht mehr seinen Zweck, für Aufregung zu sorgen und der bestehenden Ordnung dazwischenzufunken.

Widerstand steht im klaren Gegensatz zur Obrigkeit und möchte die Ablösung einer Herrschaftsstruktur bewirken. (Ziviler) Ungehorsam wird quasi zum Widerstand erhoben, wenn seine Ausübung verwehrt bleibt und nichts innerhalb der bestehenden Strukturen verändert werden kann. Ob ein Protest ungehörig oder widerständlerisch ist, kann von beiden Seiten des Konflikts interpretiert und kategorisiert werden. Martin Luther King Jr. wurde einst vom FBI als Staatsfeind geführt, weil was er einforderte die damalige Ordnung in den USA grundlegend angriff. King trachtete dabei nicht etwa nach der Abschaffung des Staates, erklärte jedoch: »der Mensch ist nicht für den Staat gemacht; der Staat ist für den Menschen gemacht.«[153] Das war scheinbar zu viel für die Behörden. Die Frage nach Widerstand ist im Grunde die Frage danach, wie sehr eine Machtverteilungsstruktur sich ändern kann, bis man sie nicht mehr als die vorherige bezeichnen kann und sie damit abgeschafft wurde. Gandhis Salzmarsch hatte letztlich nicht weniger zum Ziel, als das Ende der britischen Kolonialherrschaft.

Regeln und Gesetze, beziehungsweise was sich aus ihnen herleitet, müssen und dürfen nicht duckmäuserisch akzeptiert werden, ohne sie auf ihre Diskrepanz zu angeblichen und/oder neuen Grundsätzen und soziopolitischen Versprechen zu untersuchen. Wir leben nicht in einem König*innenreich und somit ist hier auch niemand Untertan*in. Aus vorauseilendem Gehorsam sollte man nicht seine (bürgerliche) Freiheit aufgeben, Autorität zu hinterfragen. Begriffe wie Recht und Unrecht sind genauso wenig absolut, wie Moral und Unmoral es sind, sondern davon abhängig, wie die Gesellschaft und ihre Vertreter*innen sie definieren, was sie einschließen und was nicht. Allzu oft ist Legalität daher kein Produkt der Gerechtigkeit, sondern der Macht. Einen Ewigkeitsanspruch auch von juristischem Recht kann daher niemand, der*die bei Sinnen ist, geltend machen. Dass Männer in Scheidungen einwilligen mussten oder dass Sex vor der Ehe und »Kuppelei« verboten waren, wirkt heute genauso absurd, wie es hoffentlich in naher Zukunft die juristischen Begünstigungen für die Zerstörung der Natur zur schnöden Gewinnmaximierung tun werden.

Fest steht, Freiheit wurde seit jeher von Kriminellen beziehungsweise Kriminalisierten erlangt. Bei Gelegenheit dient dann ihr Geburtsjahr als Kalendergrundlage, nach anderen tauft man Plätze und Schulen (wie die etwa 200 Geschwister-Scholl-Schulen und rund 600 nach ihnen benannten Straßen) oder hält jährliche Paraden zu Ehren ihres kraftvollen Widerstands ab (wie den weltweit zelebrierten Christopher Street Day). Trotzdem wird man nicht gleich zum Messias, wenn man eine Ordnungswidrigkeit oder Straftat begeht. So einfach ist es leider doch nicht. »Der Zweck rechtfertigt nun doch die Mittel«, befindet Marcuse, »die Aktionen hören auf, Verbrechen zu sein, wenn sie dazu dienen, die ›Freie Welt‹ zu erhalten und auszudehnen.«[154]

Der Mensch kann nicht alleine frei sein und unsere individuelle Verantwortung lässt sich nicht durch warme Gedanken substituieren. Persönliche, gesellschaftliche und politische Entwicklung ist nie geradlinig, aber wir können unser Bestes geben, die Richtung mitzubestimmen. Dazu sollten wir Wut als den Ansporn nutzen, der es Einzelnen ermöglicht, den inneren Schweinehund zu überwinden und andere dazu ermutigt, sich – durch Wut geeint – anzuschließen. Eine Strömung, die Neues erreichen will, muss sich aktiv aufbauen und den Raum zur Bewegung einfordern, damit sie einen Exzess schaffen kann – um mehr zu werden als die Summe ihrer Teile.

Tun wir genau das! Nutzen wir wütende Erkenntnisse als die Initialzündung, um dringend benötigte Umwälzungen in Gang zu setzen, auch wenn und gerade weil das nicht immer reibungslos verlaufen kann.

5

»I incite this meeting to rebellion«

(Emmeline Pankhurst bei ihrer Rede am 17. Oktober 1912 nach ihrer Gefängnisentlassung)

Wenn die als unerträglich, herabwürdigend und verletzend wahrgenommenen Zustände trotz allen Protests und Widerstands fortbestehen, dann kann es sein, dass der Umsturz eines dominanten Systems gefordert wird. In jedem Machtgefälle schlummert stets ein Potenzial von Revolte.[155] Dass dem Erwachsen einer solchen Revolte vorgebeugt werden soll, ist keine Überraschung, sondern der Dominanz immanent. Ein Aufstand ist die (spontane) Auflehnung meist kleinerer Personengruppen mit deutlich ausgedrückter Ablehnung der gegebenen Ordnung. Zu solchen Ereignissen können wir die (zumindest heute) gesellschaftlich eher positiv bewerteten Student*innenrevolten der 68er und die Ausschreitungen in Hongkong 2019/2020 zählen, aber auch den tendenziell als unliebsam betrachteten Aufstand in L. A. im Jahre 1992 oder die G-20-Proteste in Hamburg. Der Aufstand geht deutlich weiter als etwa eine friedlich dahinschlendernde Demonstration, ist aber auch kein Umwerfen der bestehenden Verhältnisse in Gänze, denn das wäre dann eine Revolution. In der Revolte erklärt man nun seinen Bruch mit dem Bestehenden und zeigt gleichzeitig an, dass vorherrschende Macht und Kontrolle nicht unangreifbar sind. Das muss sich nicht auf eine gehässige Drohung beschränken, sondern kann ein Unterbeweisstellen dessen sein, dass eine andere Welt möglich und die Verteilung der Machtverhältnisse nicht unwiderruflich ist.

Vielen Revolten liegt ein gewisses Maß an Gewalt inne, ob in Form von Sachbeschädigungen, verbaler, aber auch körperlicher Gewalt. Manchmal richtet sich die Gewalt auch gegen die Protestierenden selbst, wie die Selbstverbrennungen buddhistischer Mönche oder von Mohamed Bouazizi, der damit die Aufstände und Revolten in Tunesien und anderen Ländern Nordafrikas und Westasiens (hierzulande allzu oft mit dem Orientalismus »Arabischer Frühling« beschrieben) entfachte. Es gibt auch Revolten wie die der Las Madres de la Plaza de Mayo in Argentinien oder die (echten) Montagsdemos, die ohne Gewalt auskommen. Wenn es aber zu Ausschreitungen kommt, dann wird das oft als hinterhältige Randale, hirnlose Verwüstung und/oder taktierende Brutalität gewertet. Manchmal sind Ausschreitungen (wenigstens in Teilen) auch genau das.[23] Aber

23 Wer eine durchweg negativ-kritische Betrachtung solcher Aufstände beansprucht, der*die kann das Buch jetzt weglegen und am 1. Mai zur Arbeit gehen. Denn die *Haymarket Riots*, bei denen Arbeiter*innen für den 8-Stunden-Tag auf die Straße gingen und auf denen sich der heutige Tag der Arbeit begründet, waren geprägt von Versammlungen und Protest, Konfrontationen mit der Polizei, Festnahmen und einem Bombenanschlag, der Todesopfer forderte. Des Weiteren würde ich um die Abschaffung von Polizei, Bundeswehr und Frontex bitten, deren expliziter Arbeitsauftrag ja nun mal die Ausübung von Gewalt ist. *Win-Win*!

wenn man Gewalt als den Einsatz von physischem oder psychischem Zwang definiert, um etwas auch gegen den Willen von anderen durchzusetzen, dann ist noch nicht gesagt, ob dieser Wille der anderen für mich nicht gefährlich und benachteiligend war. Die Bewertung davon, was Gewalt ist und auch, ob sie als gerechtfertigt gilt, steht in Relation zu der Zeit ihres Auftretens und dem gesellschaftspolitischen Kontext. Wenn Hunderttausende wutentbrannt gegen Rassismus auf die Straße gehen, haben sie dann psychischen Zwang auf *Weiße* ausgeübt, weil sie ihnen Angst (um ihre Vorherrschaft) machen? Sind Plünderungen hinterlistiger Diebstahl oder eine wenigstens symbolische Umverteilung von Reichtum? Ist eine eingeschlagene Scheibe oder eine brennende Mülltonne die Erkämpfung des öffentlichen Raums oder sinnbefreiter Vandalismus? Ist eine Revolte gefährliches Chaos oder das bewusste Durchbrechen der Logik institutioneller Politik?

Was beim chilenischen Estallido Social von vielen für angemessen befunden wird, gilt für Genua nicht. Pflastersteine und Molotowcocktails werden gemeinhin lieber in den Händen von Yangoner*innen als von Berliner*innen gesehen. Ein brennendes Auto in einer vom Abriss bedrohten Favela scheint etwas anderes zu sein als eines in Altstadt-Lehel. Man kann unendlich viele Szenarios durchspielen, um herauszufinden, wann man (Gegen-)Gewalt nachvollziehen kann und wann wieder nicht. Wir bewegen uns hier auf keinem empirischen Feld, sondern beurteilen absichtliche Verletzung von Menschen oder Beschädigung von Gegenständen in normativen und moralischen Kategorien.

Gewalt kann sowohl ein Angriff sein als auch ein Befreiungsschlag. Diese Einordnung wiederum ist perspektivenabhängig.

Als die Suffragetten Anfang des 20. Jahrhunderts in England unter dem Motto »Taten statt Worte« für das Frauenwahlrecht kämpften, organisierten sie Massenveranstaltungen und Störaktionen bei Reden männlicher Politiker. Je weiter die Bewegung fortschritt, mit desto schärferen Strafen drohte die Regierung. Bei jeder sich bietenden Gelegenheit wurden die protestierenden Frauen verprügelt (auch und gerade von der Polizei) und ins Gefängnis gesteckt, wo sie gewaltsam zwangsernährt wurden, als sie in den Hungerstreik traten. Ihre Rechte blieben ihnen weiterhin verwehrt und für die Einforderung wurden sie bestraft. Nachdem Emmeline Pankhurst, eine der wichtigsten Figuren der Bewegung, aus dem Gefängnis entlassen wurde, erklärte sie bei einer Rede: »Es gibt etwas, um das sich Regierungen viel mehr Sorgen machen als um menschliches Leben, und das ist die Sicherheit des Eigentums. Und so ist es durch das Eigentum, dass wir den Feind bekämpfen werden. (…) Seid militant, jede auf ihre Art. (…) Ich stifte diese Versammlung zur Rebellion an.«[156] Die Suffragetten begannen Fensterscheiben von Ministerien, Banken und Postämtern einzuschlagen, mit Säure ätzten sie »Votes for Women« in den Rasen von Golfplätzen.[157]

Zugegebenermaßen störe ich mich nicht an diesen zerbrochenen Scheiben und bewundere hingegen die beteiligten Frauen für ihre zielgerichtete Wut und mutige Tatkraft.

Sie wurden diffamiert und bedrängt, weil sie es wagten, die häusliche Sphäre zu verlassen und die öffentliche einzunehmen. Sie sahen es nicht mehr ein, sich durch einen Mann vertreten zu lassen. Dadurch standen sie zwischen zwei Akten der Gewalt: der ihres ihnen zugewiesenen unfreien Lebens und der, die ihrem Protest entgegengebracht wurde. Die Frage, von wem zu jener Zeit ein Terror ausging, wurde in der damaligen Gesellschaft sicher anders beantwortet als von uns und hat für manche immer noch keine endgültige Beurteilung gefunden. Noch länger kauen muss man auf der Tatsache, dass Suffragetten, als ihnen mit immer größer werdender Härte und heftiger Repression begegnet wurde, vereinzelt auch Brandanschläge auf Gebäude verübten und Bomben zündeten. Dabei starben auch (einige wenige) Menschen, weitere wurden verletzt.

Im Schnitt erschließen sich uns gewalttätige Tumulte in lang vergangenen Zeiten häufig als verständlich oder sogar vonnöten. Im historischen Kontext wird auch die physische Gewalt, ja gar Totschlag, durch Aufständische weitestgehend als legitim bewertet. Weder die Weberaufstände noch Attentatsversuche auf Hitler sind weitläufig unter Verruf. Denkt man an den Sturm der Bastille, werden kaum entsetzt die Hände über dem Kopf zusammengeschlagen ob der Gewaltexzesse der Revolutionäre, sondern wird wohlwollend der umkämpften Werte von *liberté, égalité, fraternité* gedacht. Vielleicht ist die emotionale Bindung an längst Verstorbene nicht so stark wie an gestern Erschlagene und unsere Empathie reicht nur bis zum Verstreichen der maximalen natürlichen Lebenserwartung; oder aber man sollte nach Jahrzehnten und Jahrhunderten gesellschaftlicher Entwicklung meinen, dass andere Wege als körperliche Gewalt und Mord gangbar wären. Zusätzlich ist bei fern zurückliegenden Konflikten, im Gegensatz zu vielen (nicht allen) aktuellen Protesten, öfter eine direkte Kausalitätsbeziehung sichtbar zwischen der inakzeptablen Entrechtung und der Person oder Gruppe, von der diese Unterdrückung ausgeht. Es gibt ein klares Feindbild, das der Freiheit im Wege steht – König*innen, Despot*innen, Diktator*innen – und dadurch auch einen Aufschluss darüber, wen oder was es zu beseitigen gilt.

In einem England, das teils schon demokratisiert war, gab es aber keinen eindeutigen Feind, der sich als kleine definierte Führungsschicht abgrenzen ließ. Je verworrener der tonangebende Apparat und je zerstreuter die Verantwortung ist, desto schwieriger wird es, Schuldige zu identifizieren. In einer zunehmend bürokratisierten Staatsform gilt die »Herrschaft des Niemand« (Vgl. Hannah Arendt). Es war nicht nur das britische Königshaus, die Entrechtung der Frau ging auch von der gewählten Regierung und großen Teilen der Gesellschaft aus. Es gab den*die eine*n Herrscher*in nicht, aber die Entrechtung von Frauen und die Missachtung ihrer Integrität waren deswegen nicht weniger real – und die legalen und friedlichen Möglichkeiten ihres Protests ausgeschöpft. Wer will, und wenn ja, dann wie, bemessen, ob es die Toten für den Freiheitskampf der englischen Frauen »gebraucht« hat? Und wenn dem so wäre, würden Generationen von liechtensteinischen Frauen dann sagen, dass eine Handvoll Tote zu Beginn des Jahrhunderts es wert gewesen wären, wenn sie dafür ihr Wahlrecht nicht erst 1984 bekommen hätten? Wie viel Ungeduld und Gewalt ist verständlich, wenn man sein Anliegen nicht mal durch Teilnahme an einer demokratischen Wahl geltend machen kann? (Das sind verdammt viele Fragen, durch die sich nur noch weitere auftun.) Heißt das im Umkehrschluss, dass nicht alle Gewalt schlecht ist? Oder ist sie zwar schlecht, aber als letztes verbleibendes Mittel nachvollziehbar? Ist es etwas, was wir schweren Herzens zur Besserung der Welt hinnehmen müssen oder verspielt man mit dem Einsatz von Gewalt allen Anspruch auf Redlichkeit?

Je näher die zu beurteilende Gewalt an Ereignisse unserer Zeit reicht, selbst wenn wir auf Situationen blicken, die weit weniger brutal und mörderisch sind, desto polarisierter fällt das Meinungsbild darüber aus. In den USA der 1960er-Jahre herrschte rege Empörung über die Ausschreitungen frustrierter Schwarzer. Die Proteste des Civil Rights Movement wurden als gewalttätig verurteilt und diskreditiert. Der selbsterklärte Pazifist Martin Luther King Jr. bemerkte dazu, dass die Ausschreitungen nicht die Form von Gewalt seien, über die sich die Gesellschaft brüskieren sollte.[158] »Solange wir uns auf das Was konzentrieren, konzentrieren wir uns nicht auf das Warum«, sagte Schriftstellerin und Aktivistin Kimberly Jones 2020 über Plünderungen im Fahrwasser von Black-Lives-Matter-Demonstrationen in den USA. »Warum haben die Menschen das Gefühl, dass ihre einzige Hoffnung und ihre einzige Chance, einige dieser Dinge zu bekommen, darin besteht, durch ein zerbrochenes Schaufenster zu steigen? Das *ist* ihre einzige Chance. Sie können nicht gewinnen. Das Spiel ist abgekartet. Wenn Leute also fragen: ›Warum habt ihr die Gemeinde niedergebrannt, warum habt ihr euer eigenes Viertel niedergebrannt?‹ – Es ist nicht unser Viertel! Uns gehört nichts! Der Gesellschaftsvertrag ist gebrochen. Ihr [*Weißen*] habt den Vertrag gebrochen!«[159] King bezog sich ebenso wie Jones nicht bloß auf psychische und physische Gewalt, sondern auch auf die strukturelle Gewalt, die Schwarzen Tag um Tag widerfährt. Denn der Rassismus, gegen den die Menschen sich (damals wie heute) auflehnen, umfasst nicht bloß die Taten von böswilligen Vorsatztäter*innen, sondern auch die Diskriminierung als festen Bestandteil einer Gesellschaftsordnung, die Schwarze und People of Colour systematisch schlechterstellt. Das macht den großen Unterschied zwischen Diskriminierung und einer für sich stehenden Schlechterbehandlung oder Demütigung aus. »Rassismus existiert nicht ohne Grund«, erklärt uns Eddo-Lodge, »er bringt nicht nur die Entmachtung der Person, gegen die er sich wendet, mit sich, sondern auch einen Machtgewinn für die, gegen die er sich nicht wendet. (…) Rassismus mehrt die Chancen im Leben von Weißen.«[160] Dieses Unverhältnis sozialer und politischer Macht wird (bewusst oder unbewusst) von den Nicht-Diskriminierten aufrechterhalten. Dabei zeigt sich die *weiße* Dominanz nicht bloß an offiziellen Entrechtungen oder offenen Deklarationen der Überlegenheit, sondern in der Schlechterstellung durch institutionelle Systeme und der Auslegung und Umsetzung von

Reglements, die wiederum zur ungleichen Verteilung von Einkommen, Wohlstand und Bildungschancen usw. führen. Ein erschwerter Zugang zu medizinischer Versorgung oder ausreichender Nahrung bedeutet schlechtere Gesundheit bis hin zu einer geringeren Lebenserwartung. Allerorts werden Menschen systematisch daran gehindert, ihre Möglichkeiten zu entfalten, während andere gesellschaftliche, rechtliche und wirtschaftliche Privilegien genießen. Diskriminierung findet also auf verschiedenen, ineinander übergreifenden Ebenen statt: individuell (durch Beleidigungen oder Angriffe), institutionell (durch Handlungen und Entscheidungen von Menschen in Machtpositionen wie bei der Polizei, auf Ämtern oder bei Ärzt*innen), historisch (durch etwa die bis heute nachwirkende Ungleichheit durch den Kolonialismus) und strukturell (als Gesamtsumme der individuellen und systemischen Diskriminierungen und Unterdrückung).[161] So wird die eine Gruppe marginalisiert und die andere labt sich an ihrer darauf aufbauenden Exklusivität.

Und dann haben wir ja auch noch die epistemische Gewalt, die zu epistemischer Ungerechtigkeit führt, indem sie den Zugang zu Wissen und Information reglementiert. So sind Betroffene nicht in der Lage, die sozialen und politischen Nachteile einer Politik oder Gesellschaftsform zu erkennen oder zu benennen. Epistemische Gewalt ist auch, wenn die einen daran gehindert werden, für sich selbst zu sprechen, weil andere glauben, es besser zu wissen und für sie sprechen zu können (wie beispielsweise in jeder parlamentarischen Abtreibungsdebatte).[162] Normative Gewalt bestimmt, wer an den Entscheidungsprozessen in einer Gesellschaft beteiligt sein darf und wem die Mitsprache verwehrt bleibt – also ob zum Beispiel Frauen, illegalisierte oder junge Menschen wählen dürfen und politische Entscheidungsgewalt über ihre Existenz und Zukunft haben. Wir sind von mehr Gewalt umgeben und betroffen, als wir denken, und üben mehr Gewalt aus, als wir wahrhaben wollen.

Diskussionen über diese Formen von Gewalt, ihr Ausmaß und ihre allzu spürbaren Folgen werden so gut wie nicht geführt. Es ist fast so, als gäbe es sie gar nicht. Wer sie unterstellt, bekommt erst mal um die Ohren gehauen, dass man ja schließlich eine Freundin habe, deren Nachbar wohlhabend *und* Schwarz sei. Eine Frau mit Uni-Abschluss haben auch alle schon mal gesehen. Ganz anders ist das bei der Betrachtung von Protestbewegungen: Bilder von Ausschreitungen kann man leicht produzieren und ebenso leicht verunglimpfen. Bei der strukturellen, epistemischen oder normativen Gewalt, die diese Proteste reflektieren, genauso wie bei der indirekten Gewalt durch etwa die Zerstörung des Planeten, fällt uns das deutlich schwerer.[163]

Obwohl der Großteil der Back-Lives-Matter-Demonstrationen friedlich verläuft, während gleichzeitig Rassismus und Polizeigewalt gegen Schwarze fortbestehen, finden explosive Momentaufnahmen der Proteste viel Aufmerksamkeit. Das verstärkt das Problem nur noch rückkoppelnd und so neigen US-amerikanische Polizeibeamt*innen dazu, mit voller Härte gegen die wachsende Bewegung vorzugehen. Die Anwendung von Gewalt findet im Vergleich zu anderen

Arten von Demonstrationen hier eher und in unverhältnismäßig großem Umfang statt. Das ist eine empfindliche Beeinträchtigung des Rechts auf Versammlungs- und Demonstrationsfreiheit, die nicht mit einem solidarischen Aufschrei quittiert wird, sondern mit Unverständnis für die »aggressiven« Demonstrant*innen.[24] Als Reaktion auf die ansteigende und barsche Polizeipräsenz wurden auch, *surprise surprise,* die Proteste in manchen Städten gewalttätiger (wobei es hier oft um Sachbeschädigung ging, wie die Zerstörung von Statuen und Denkmälern zu Ehren von Sklavenbesitzern und Anführern der Konföderierten).[164]

Man darf nun gerne die Gewalt aller Seiten ablehnen, aber eben nicht nur die der Protestierenden. Und wer die Verurteilung von Gewalt bloß dazu nutzt, sich von den zentralen Themen einer Bewegung oder von radikalen Forderungen abzuwenden, der*die tut der Gesellschaft auch keinen Gefallen. Eine Demonstration oder gleich eine ganze Protestbewegung nach ihren gewalttätigsten Teilnehmer*innen zu beurteilen, aber die Polizei nicht nach ihren gewalttätigsten Beamt*innen zu bewerten, ist die Sprache der herrschenden Gesellschaftsschicht. Es ist die Forderung an die Protestierenden, in Passivität und einer unterwürfigen Rolle zu verharren. Nicht zu vergessen ist auch, dass körperliche Gewalt beinah unvermeidlich ist, wenn man sich gegen eben diese zur Wehr setzen will. Wie fänden Sie es rück-

24 An dieser Stelle darf man sich kurz vorstellen, was passiert wäre, wenn Schwarze das Kapitol gestürmt hätten und nicht ein Mob *weißer* Neo-Nazis und christlicher Fundamentalist*innen.

blickend, wenn jemand Derek Chauvin von George Floyds Nacken weggezerrt hätte und ihn zur Not oder im Affekt dabei geschlagen hätte?

Auch wenn es hier auf den ersten Blick nicht so schlimm aussieht wie auf der anderen Seite des Teichs: Behaupten wir nicht, wir hätten in Deutschland keine lebensbedrohliche Polizeigewalt und institutionalisierten Rassismus, nur weil wir die vom UN-Menschenrechtsrat empfohlenen unabhängigen Beschwerdestellen dafür nicht haben und der ehemalige Innenminister Seehofer eine Studie zu Rassismus und Polizeiarbeit unnötig fand.

Der Syrer Amed A. wurde rechtswidrig mehr als zwei Monate in Haft gesetzt, obwohl die Beamten die Verwechslung schon nach wenigen Wochen erkannt hatten. Statt ihn freizulassen, manipulierten sie aber lieber ihre Datenbank, um den Fehler zu vertuschen. Amed A. erlag seinen Verletzungen nach einem Brand in seiner Zelle, weil in einer rund um die Uhr bewachten Anstalt niemand auf seine Hilferufe reagieren wollte.[165] Oury Jalloh aus Sierra Leone verbrannte auf einer schwer entflammbaren Matratze in einer gefliesten Zelle im Keller eines Polizeireviers, nachdem er vorher schwer misshandelt worden war. Die verantwortlichen Beamten behaupteten, der an Händen und Füßen gefesselte Mann hätte sich selbst angezündet, was mehrere Brandgutachter*innen, Mediziner*innen, Kriminolog*innen und Menschen bei Verstand für ein Ding der Unmöglichkeit halten.[166] Wir sprechen hier nicht von *Sundown Towns* in Illinois, sondern von Kleve und Dessau. Die Resonanz des deutschen Staates gegen mörderischen Rassismus innerhalb der Institutionen? In Kleve hat die Polizei Datensätze verschwinden lassen und die Staatsanwaltschaft die Ermittlungen eingestellt.[167] In Dessau wurde ein Beamter zu einer Geldstrafe verdonnert. Wegen Mordes wird indes nicht ermittelt.

Ahmed A. und Oury Jalloh sind nur zwei, wenn auch besonders dramatische, Beispiele für rassistische Polizeigewalt in Deutschland. Täglich sind Schwarze und People of Colour in diesem Land Opfer von Racial Profiling und willkürlicher Drangsalierung durch Polizeibeamt*innen. Und da haben wir noch nicht einmal damit begonnen, über Rassismus und Rechtsradikalität bei Verfassungsschutz, Bundeswehr oder Justiz zu sprechen.[168] Gerade wenn den Vertreter*innen eines Staates besondere Macht, Rechte und Schutz zugesprochen werden, muss dort ganz besonders genau hingeschaut werden, wenn es um Fehlverhalten und Machtmissbrauch geht. Auch das gehört zum Kleinen Einmaleins der Demokratie. Dabei sollte die Beurteilung von Taten individueller Mitmenschen (die prinzipiell nur sich selbst vertreten) weniger weitreichende Schlussfolgerungen nach sich ziehen als die Beurteilung des Handelns von durch ihren repräsentativen Charakter genormten Beamt*innen (die den ganzen Staat vertreten). Und je größer die Vulnerabilität einer Person oder Gruppe ist, desto wichtiger wird es, die sie konfrontierende Macht und Gewalt zu beleuchten und zu hinterfragen.

Moria, seiner Zeit das größte Flüchtlingslager der EU, war einst für 410, dann für 2.800 Menschen ausgelegt und seit jeher überfüllt. Zuletzt lebten dort 12.600 Menschen und wurden teils für Jahre festgehalten. Das Lager war das Symbol einer katastrophal gescheiterten europäischen Asylpolitik und gleichzeitig ein reelles Gefängnis. Immer wieder fanden Proteste gegen die erbärmlichen und unmenschlichen Lebensbedingungen statt und verhallten doch ohne Konsequenz. Als zuletzt die Corona-Pandemie dazu genutzt wurde, weitere Abriegelungsmaßnahmen zu verhängen, ohne dabei jemals hygienische Mindeststandards im Lager zu gewähren, wurde Moria von Insassen in Brand gesteckt. Die Empörung war groß. Nicht so sehr über die Zustände des Lagers, sondern vor allem über die Brandstiftung, die nicht ein einziges menschliches Opfer gefordert hatte.

Strafe muss sein! Nachdem man zunächst zwei afghanische Jugendliche zu fünfjährigen Haftstrafen verurteilt hatte, folgte ein Prozess gegen vier weitere afghanische Teenager. Der Hauptzeuge, auf den sich die Anklage stützte, war dafür nicht aufzufinden. Obwohl drei der Angeklagten zum Zeitpunkt ihrer angeblichen Tat minderjährig waren, wurde der Fall nicht vor ein Jugendgericht gebracht und fand unter Ausschluss von Medien sowie von internationalen Beobachter*innen statt. Man hatte die Angeklagten während des Höhepunkts der Pandemie zu 12.600 zusammenpferchen, aber nicht mit einem Dutzend Vertreter*innen der Öffentlichkeit in einen Gerichtssaal setzen können. In diesem Prozess parodierte sich die Justiz selbst und die vier wurden kurzum zu je zehn Jahren Haft verurteilt.[25] Für die unwürdige Behandlung und Unterbringung von Geflüchteten oder die Menschenrechtsverletzungen wurde derweil niemand zur Rechenschaft gezogen. Seither haben sich die Lebensbedingungen für Geflüchtete auf Lesbos mitnichten verbessert und sind im neuen Lager Kara Tepe sogar noch schlechter. Menschen können sich hier zum Teil nur im Meer waschen, Kinder haben Rattenbisse, es gibt keine Schulen, das Kochen und Selbstorganisation sind untersagt, kaum eine*r darf das Camp verlassen. Flüchtende verbringen Monate und sogar Jahre in diesen Lagern. (Καρά Τεπέ heißt übersetzt »schwarzer Hügel«. Geht es nur mir so oder hört sich das genau wie auch Moria nach einer Siedlung in Mordor an?)

Im Zuge der europäischen Entrüstung und den Rufen nach starkem Durchgreifen wurde schließlich noch das solidarisch betriebene Lager Pipka geräumt, in dem vor allem Kinder und Familien untergebracht waren, die nun auf der Straße landeten. Im Lager Kara Tepe wurde indes ein dreijähriges Mädchen vergewaltigt.[169]

Man kann es gut finden oder auch nicht, dass Moria abgebrannt ist beziehungsweise wurde. Aber ist es nicht in jedem Fall nachvollziehbar, dass man in einer beständig hoffnungs- und ausweglosen Situation irgendwann durchdreht? Man wage bitte den Vergleich mit Amalia Leonore und Clemens-

---

25 In Heidelberg wurde derweil zwei Jugendlichen der Prozess gemacht. Ein Obdachloser, dessen behelfsmäßige Behausung sie angezündet hatten, starb, weil die beiden ihm »einen Schreck einjagen« wollten. Sie wurden für erwiesene Brandstiftung mit Todesfolge zu fünf Jahren beziehungsweise vier Jahren und drei Monaten Haft verurteilt (Az.: 3 KLs 301 Js 24030/19 jug.).

Benedikt, die erst mal zwei Jahre Therapie machen können, weil ihre Eltern sich scheiden lassen und sie jetzt gleich zwei Zuhause haben (und auch bei ihnen finde ich es natürlich gut, wenn sie die Unterstützung bekommen, die sie brauchen). Mit einer maßlos überzogenen Anspruchshaltung ans Durchhalte- und Erduldungsvermögen von Schutzsuchenden fordern wir Dankbarkeit und Demut von ihnen ein. Wofür denn bitteschön?! Die Menschen in den Lagern flohen vor Krieg, Hunger und Verfolgung, nur um dann nach lebensgefährlicher Flucht jahrelang in von uns fabrizierten Elendsgefängnissen festgehalten zu werden. Es ist doch kein Wunder, dass irgendwann mal etwas anderes als immer nur ihre Hoffnungen zu Bruch geht. Statt sich voller europäischer Gnaden selbst zu gebenedeien, muss man sich durchaus die Frage gefallen lassen, ob es überhaupt zu dem Brand gekommen wäre, wenn den Anliegen der Bewohner*innen je Gehör geschenkt worden wäre. Aber anstatt dass man die Bedürfnisse und die Wut der Lagerbewohner*innen ernst genommen hätte, verwehrte man ihnen gleich jede Form des Gesprächs und der politischen Kommunikation. »Geflüchtet zu sein bedeutet, sprachlos gemacht zu werden, von der Teilhabe am Leben ausgeschlossen zu werden, nicht mehr Mensch zu sein«, bezeugt Parwana Amiri, die mit 16 aus Afghanistan flüchtete und in Moria landete.[170] Unerbittlich prasselt derweil ein stiller Monolog – unsere zustimmende Schweigsamkeit über unsere Vorherrschaft – auf die Flüchtenden nieder, der ihre Zwangslage trivialisiert und Verbrechen an ihnen legitimiert.

Was sonst hätten die Menschen in Moria noch tun sollen? Wenn man beständig ignoriert wird, dann kann die Revolte der letzte verbleibende Weg sein, um in einen Dialog zu treten, um ihn zu erzwingen. Durch den Bruch der Kommunikation wird die Revolte zu einem eigenen, zum letzten Kommunikationsmittel. Der Aufstand kommuniziert, was bisher offensichtlich unkommunizierbar war.[171] Die Alternative wäre die völlige Auslöschung (ihrer Stimme), durch die nicht enden wollende strukturelle, psychische und physische Gewalt, die man Geflüchteten in europäischen Lagern wohlweislich und planmäßig zufügt.

Es ist nur allzu leicht, aus einer sicheren Position heraus Gewalt aufseiten der Revolte als letztes Mittel zu verdammen. Doch auf eine vielschichtige und komplizierte Thematik kann keine einfache Antwort verlangt werden. Man muss nicht *für* Gewalt sein, um sie manchmal als wenigstens gerechtfertigt bewerten zu können. Ich bin wirklich keine Freundin davon, dass Leute in die Luft gesprengt werden oder man sich die Köpfe einschlägt. Auch bin ich fernab davon, mir ein realistisches Szenario vorzustellen, in dem ich jemanden umbringen wollen würde. Das letzte Mal, als ich jemandem ohne Not wehgetan habe, war ich wahrscheinlich elf Jahre alt und habe meinen Bruder geschubst. Nur das Bewusstsein über die nötige Kontextualisierung von Gewalt und über meine privilegierte Position werde ich mir deswegen nicht ersparen. Wenn es zu Gewalt, welcher Art auch immer kommt, darf man sich darüber freuen, ihre Berechtigung und/oder Notwendigkeit jedes Mal aufs Neue zu überprüfen.

So wenig, wie sich ein Protest an seinen gewalttätigsten Teilnehmer*innen messen lassen muss, so sehr gilt auch, dass sich ein gewalttätiger Mensch nicht pauschal hinter den Anliegen eines Protests verstecken kann. Wenn der Zweck die Mittel heiligt, dann muss man nicht nur den Zweck genauer auf seine Heiligkeit untersuchen, sondern auch die zur Verfügung stehenden Mittel sondieren. Da sich Widerstand immer gegen eine bestimmte (illegitime) Herrschaft richtet, muss sich die Ausführung des Aufstands parallel dazu an die Gestalt und den Aufbau der Herrschaftsform anpassen.[172][26] Das gilt vor allem für Proteste und Revolten, die sich in nicht komplett verfahrenen und lebensbedrohlichen Bezugsrahmen abspielen. Wer in einem solchen Setting gegen Ungerechtigkeiten eintritt, sollte keine neuen kreieren. Und darum darf ein Protest dort, wenn er sich schon entschließt, gewalttätig zu sein, keine wahllose Gewalt beinhalten. Leichtfertig Leben aufs Spiel zu setzen, ist genau jenes Prinzip der willkürlichen Gewalt und Dominanz, unter der die Menschen leiden, und führt die eigenen Verhaltensmaßstäbe (es ist zumindest zu hoffen, dass es solche Maßstäbe sind) ad absurdum. Wer Wohnhäuser anzündet, weil unten halt eine Bank drin ist, ist ein Arschloch. Und auch in unbewohnten Gebäuden kann es Wach- oder Reinigungskräfte geben, die nicht unbedingt dafür bekannt

---

26 Guillotinen in Paris anno 1789 sind eine andere Nummer, als sie es in Berlin 1989 gewesen wären. 2019 kämpfen die Widerständler in Hongkong mit Laserpointern und Informationsverbreitung in Echtzeit. Beim Matrosenaufstand in Kiel 1919 setzte man auf Befehlsverweigerung und den Schulterschluss mit der Arbeiter*innenklasse.

sind, die Strippenzieher*innen einer korrupten Welt zu sein. Wer es besser machen will, muss sich andere Blockade- und Sabotageakte einfallen lassen. Gewaltsame Auseinandersetzungen, die nichts anderem als der Schlägerei selbst dienen, sind vor allem eine Identitätsbestätigung, haben dadurch aber nicht automatisch Veränderung zum Ziel, geschweige denn zur Folge. Sachbeschädigungen und Plünderungen, die zu Existenzverlusten gleichermaßen Benachteiligter führen und nicht bloß zu Versicherungsfällen großer Konzerne, sind ein Zeichen dafür, dass Rücksichtnahme nicht zentral ist. Wenn sich gegen ein (unterdrückendes) System aufgelehnt wird und dabei dann Unbeteiligte, Schwache und Minderheiten unnötigerweise in Mitleidenschaft geraten, dann ist das schwerlich als emanzipatorisch zu bezeichnen.[173] Ein Bedrängnis oder einen Leidensdruck beliebig und selbstgerecht übersteigert darzustellen, um weitere Grenzüberschreitungen zu begründen, etabliert ein Szenario, in dem die generelle Ausübung von (illegitimer) Gewalt wahrscheinlicher und normalisiert wird.

Mehr Gewalt bedeutet also weniger Umwälzung, und damit weniger Revolte. Wer es hingegen radikal mit der Änderung dieser Gesellschaft meint, der*die will Gewalt nicht reproduzieren, sondern sie, wenn überhaupt, als Mittel nutzen, um schließlich zu gewaltfreien Zuständen zu gelangen.[27] Und so sehr gewaltsame Aktionen eine Revolte ins

27 Falls Sie mal über den prägnantesten Unterschied zwischen den (theoretischen) Grundsätzen linker und rechter Militanz nachdenken wollten, das ist er.

Rollen bringen können, wird bloße Gewalt nie eine Revolution verursachen. Oder wie es Hannah Arendt sagte, kann Gewalt zwar Macht *vernichten*, aber keine Macht *erzeugen*.[174] Womit wir wieder bei der Notwendigkeit wären, uns nicht mit leerer Symbolik zu unterhalten, sondern alternative Pläne und Ideen zur Hand zu haben.

Wer Gewalt unter keinen Umständen akzeptieren möchte, für den*die habe ich jetzt etwas Erfreuliches zu berichten: Wir brauchen gewalttätigen Protest nicht. Und zwar dann, wenn wir die gesellschaftliche und politische Kommunikation erst gar nicht versemmeln und somit sicherstellen, dass auch von keiner anderen Stelle Gewalt ausgeübt wird. Je mehr wir Wut im persönlichen und politischen Alltag integrieren und je eher wir uns mit den aufgebrachten Forderungen anderer auseinandersetzen, desto schneller und geschmeidiger finden wir heraus, wo und wie wir uns als Gesellschaft anders begegnen müssen. Wir könnten uns die meisten gewaltförmigen Auseinandersetzungen sparen, wenn wir strukturelle Gewalt anerkennen und denormalisieren – wenn wir endlich aufhören, Menschen und Gruppen an den Rand der Gesellschaft zu drängen. Aufstände entstehen dann, wenn ein Zustand extremer Unzufriedenheit herrscht, hervorgerufen durch etwa enorme Ungleichheit. Die Auseinandersetzung mit der Wut, wenn denn endlich mehr dabei mitmachen würden beziehungsweise mitmachen dürften, und das Ziehen der richtigen Schlüsse kann eben diesen Eklat vermeiden.

Wir stehen vor der größten Bedrohung der Menschheitsgeschichte. Die Klimakatastrophe wird aller Voraussicht nach mit geballter Naturgewalt über uns hereinbrechen. Das letzte Mal, dass wir dem »Ende der Welt« so nahe waren, war, als der Atomkrieg drohte. Aber diesmal sind es nicht nur die UdSSR, die USA und Großbritannien, die sich zusammenraufen müssen, um den ultimativen Super-GAU abzuwenden, sondern 195 Länder mit ihren bald acht Milliarden Einwohner*innen. Die Situation ist unendlich viel komplexer und doch (oder deswegen) begegnen wir ihr bisher vornehmlich motivationslos. Was passiert, wenn die Klimagerechtigkeitsbewegung weiterhin bemerken muss, dass man mit einigen von ihnen zwar gerne Selfies macht, dabei aber nicht zuhört und am allerwenigsten angemessen auf ihre Forderungen reagiert? (Junge) Menschen weltweit wissen, dass, wenn nicht sofort gehandelt wird, sie unausweichlich die Konsequenzen der menschengemachten Krise schmerzlichst zu spüren bekommen werden. Auch diejenigen, die Kinder oder ein Gewissen haben, werden ihre Sorge um die Zukunft und ihre Wut aufs Gegenwärtige, die Erkenntnis über das Desaster, das sie hinterlassen, mit jeder Dürre und mit jeder Flut immer deutlicher fühlen. Millionen Menschen erleben schon jetzt am eigenen Leib, was Hunger und Vertreibung durch die Klimaerwärmung bedeuten. Der Druck des Problems, das kein moralisches, sondern ein objektives ist, wird immer größer und offensichtlicher. Es geht um mehr als die Verhandlungsmasse einer Gesellschaftsform – es geht ums Überleben. Wenn uns als Antwort nicht viel mehr als eine massive Ladung Ignoranz und wahlplakattaugliche Lippenbekenntnisse einfallen, dann wird es irgendwann knallen – entweder durch die Revolte derer, die alle Hoffnung in diese bis zur Selbstzerstörung gierige Gesellschaft verloren haben, oder durch den Zusammenbruch des Ökosystems Erde. Wir müssen ehrlich benennen, wer hier eigentlich was und wen bedroht.

Wenn wir den Planeten und Milliarden Leben ohne Krawall und Gewalt bewahren könnten, dann wäre das selbstredend optimal. Aber das geht nur, wenn wir einen besseren Umgang mit der Wut finden und sie endlich dafür nutzen, etwas zu bewegen. Darum ist uns allen nichts mehr zu wünschen als eine globale Ausweitung und Radikalisierung[28] der Klimagerechtigkeitsbewegung.

---

28 *Radikal* zu sein, heißt nichts anderes, als dem Problem an die Wurzel (lat.: *radix*) zu gehen und sich nicht bloß kosmetisch den Symptomen zu widmen.

6

Mama!

Fantastisch, es wäre dann also geklärt, dass wir die Wut brauchen. Aber gesetzt den Fall, es würde uns gelingen, das Silencing und Self-Silencing zu überwinden, zu unserer Stimme zu finden und gleichzeitig der Dissonanzreduktion nur noch mit einem Ändern unseres Verhaltens zu begegnen, anstatt mit Leugnung oder Verdrehen von Tatsachen; gesetzt den Fall, wir schaffen es nun, unsere Wut zu erkennen – wäre das der Schlüssel zum Erfolg? Ein Problem (und leider das größte) bliebe weiterhin bestehen, und zwar das unserer Werte und Normen. Wenn die in keiner Diskrepanz zur Realität stehen, dann gibt es weiterhin keinen Grund, wütend zu sein.

Wir tragen alle in unterschiedlichem Grad das mitunter inoffizielle Wertesystem unserer Kultur in uns, so sehr wir uns auch gegen diese Tatsache auflehnen mögen. Auch ich seufze mal bei einer Märchenprinzfilmszene, anstatt den Apparat aus dem Fenster zu werfen, oder träume von einem Bankkonto, das mit deutlich mehr als dem Nötigsten gefüllt ist. Vor allem aber schöpfe ich jeden einzelnen Tag meines Lebens von den bestehenden Normen Profit. Als *weiße*, heterosexuelle, gesunde Frau der Mittelschicht, ohne Behinderung, mit deutschem Pass, genieße ich allerlei Vorzüge. Dem geltenden Standard nach bin ich nicht einmal hässlich. Alles, was für mein Upgrade in die »1. Klasse« fehlt, ist noch mehr Geld und ein Penis. Wenn ich derweil nun behaupte, dass zum Beispiel Freiheit, Gleichberechtigung und Umsicht mit dem Planeten mir die wichtigsten Werte sind, dann sollte ich mich konsequenterweise damit auseinandersetzen, wo ich nach diesen Werten lebe und wo ich ihnen entgegensteuere. Das Doofe bei dieser Übung ist, dass ich aller Wahrscheinlichkeit nach herausfinden werde, dass ich Teil des Problems bin – sei es ein Beitrag durch aktive Handlungen oder durch das schweigende (lies: zustimmende) Hinnehmen meiner gesellschaftlichen Besserstellung. Eine solche Obduktion der eigenen Moral beziehungsweise des eigenen (un)moralischen Verhaltens hat nichts mit Selbstkasteiung zu tun, sondern mit einem ehrlichen Blick auf die Dinge. Denn überall dort, wo ich den Vorzug kriege, zahlt jemand anderes den Preis.

So ist etwa das Ziel, das Leben von ein paar *weißen* Akademikerinnen dem ihrer männlichen Pendants anzugleichen, ziemlich niedrig gesteckt.[29] Es ist mit dem Sitz in einem DAX-Vorstand nicht getan (1. nein danke und 2. wieso gibt es da keine Männer-Quote fürs Reinigungspersonal?). Die allermeisten Frauen werden allein aufgrund

29 Eine Frauenquote bedeutet nicht, dass Frauen ohne jedwedes Können die Geschicke der Welt in die Hand gelegt bekommen. Sie steuert nur dagegen, dass Positionen automatisch Männern zufallen, die indes diejenigen sind, die sich zunächst einmal durch ihr Geschlecht und nicht durch ihre unsagbaren Fähigkeiten dafür qualifizieren.

ihrer Klassenzugehörigkeit und/oder Hautfarbe nie auch nur in die Nähe des Chefinnensessels kommen (außer sie sind Teil des erwähnten Reinigungspersonals). Ich habe nicht mehr gegen Frauen im Vorstand als gegen Männer, und eine Frauenquote kann ein erstes Mittel gegen strukturellen Sexismus sein, aber wirklich geändert hat sich nichts, wenn Klassismus und Rassismus sowie die für mich resultierenden Vorteile unangefochten bestehen bleiben.

Man kann nun das eigene Unbehagen, das man durch das Wissen um die Diskriminierung anderer erfährt, einfach aushalten und sich mit einem verhältnismäßig großen Stück vom Kuchen trösten, oder aber man untersucht das dahinter liegende Wertesystem mit gesunder Skepsis. Worauf also beruft sich unser gesellschaftlicher Verhaltenskodex? Welche der allgemeingültigen moralischen Vorstellungen bestimmen unser Mit- beziehungsweise Gegeneinander?

Es gab im Laufe der Menschheitsgeschichte so einige Freiheitskämpfe, Revolten und Umstürze. Gegen die Vorherrschaft, Werte und Normen des und der Alten wurde immer wieder rebelliert und manchmal gewonnen. Eines hat man dabei allerdings nie gestürzt – den Wert der Macht und ihre Ausübung an sich.[175] Da haben wir den patriarchalen Salat.

Machtbeziehungen sind überall da, wo es Gesellschaft gibt. Der Duden sagt, Macht ist die *Gesamtheit der Mittel und Kräfte, die jemandem oder einer Sache andern gegenüber zur Verfügung stehen*. So definiert kann das auch etwas Begrüßenswertes sein. Wenn ich jemanden zum Lachen bringe oder zu verstehen gebe, dass der Gebrauch von Zahnseide tatsächlich nützlich ist, versuche ich positiven Einfluss zu nehmen und eine Bereicherung zu bieten. Hier beschreibt der Begriff Macht eine Fähigkeit und individuelle Stärke.

Eine andere Form der Macht ist Autorität, die sich von Können, Prestige oder Tradition ableitet. Autorität ist *funktionale Macht*. Wenn man als Kapitänin das Kommando hat, weil man den größten Erfahrungs- und Wissensschatz in Bezug auf die Seefahrt hat (und deshalb nicht jedes Manöver mit allen ausdiskutiert, um nicht immer nur im Kreis zu fahren), dann ist das Autorität, die Sinn ergibt (und die sich nicht auf etwa medizinische Entscheidungen im Hospital erstreckt). Wenn ich Leute dabei anschnauze, mir schnell einen Kaffee zu holen und sie das auch noch machen, dann ist das eine Form der Autorität, die auf der Institution der Position beruht und offensichtlich Unfug ist. In beiden Fällen braucht es aber keinen Zwang oder Überzeugungsarbeit, um meinen Willen durchzusetzen.[176] Die Kapitänin wird fraglos anerkannt.

Hierarchische Macht, um die es hier primär gehen soll, bezieht sich auf ein Herrschaftsverhältnis. Politisch-soziologisch betrachtet, ist Macht ein Abhängigkeits- oder Überlegenheitsverhältnis. Dieses Prinzip der Ungleichheit gibt Machthabenden die Möglichkeit, eigene Ziele ohne Zustimmung, gegen den Willen oder trotz Widerstandes anderer umzusetzen.[177] Hierarchische Macht erhält man durch Legitimation (durch eine Wahl oder die Geltungsmacht einer Stellung), durch Belohnung, durch Zwang, Identifikation (wenn etwa ein*e charismatische*r Gebieter*in

Anhänger*innen und Mitläufer*innen um sich schart), durch Wissen und aus Kombinationen daraus.[178] Macht ist, ganz ähnlich der Gewalt, keine empirisch messbare Größe, sondern ein ständiges Gerangel, um die Kontrolle über andere.

Wenn wir uns die schwerwiegendsten Probleme der Menschheit anschauen, dann sind (und waren) das Armut, Hunger, Krankheit, Diskriminierung, Krieg, Terror und die Naturgewalten. Wenn man es herunterbricht, dann lassen sich die meisten ihrer Ursachen auf das Ringen um und das Halten von Macht zurückführen. Natürlich gibt es auch Tsunamis, Erdbeben oder Vulkanausbrüche, die viele Leben gekostet und wirtschaftliche Existenzen zerstört haben und an denen man nichts zu drehen hatte. Zumindest aber haben wir mittlerweile Seismografen und Tsunami-Warnsysteme. Seuchen und Krankheiten haben die Weltbevölkerung immer wieder heimgesucht und dezimiert, ohne dass man etwas dafür konnte oder dem entgegenzusetzen hatte. Auch das hat sich geändert. Prävention und medizinische Behandlung sind in der Theorie für alle möglich. Viele Krankheiten und medizinische Herausforderungen sind von einer unbändigen Urgewalt zu einer lösbaren wissenschaftlichen Aufgabe geworden. Allein die Macht macht sie zu einer gesellschaftspolitischen Streitfrage, etwa wenn wir uns bei aller Erkenntnis damit aufhalten, über den Zugang zu klinischer Versorgung oder den Patentschutz von Medikamenten und Impfstoffen streiten. Egal ob Erderwärmung, eine stetig weiter aufklaffende Armutsschere (die rund 2000 Milliardär*innen dieser Welt haben mehr Besitz als die ärmsten 60 Prozent der Weltbevölkerung zusammen, also als rund 4,6 Milliarden Menschen; und die 22 reichsten Männer besitzen mehr als alle afrikanischen Frauen zusammen)[179], die politisch-ökonomisch induzierte Ernährungsunsicherheit (mindestens 820 Millionen Menschen leiden Hunger, Tendenz steigend. Jedes dritte Kleinkind ist mangelernährt. Gleichzeitig wird ein Drittel aller Lebensmittel weggeworfen, während die Kosten durch schlechte Ernährung und die Umwelt- und Gesundheitsschäden, die die industrielle Nahrungsproduktion hervorrufen, dreimal so hoch sind wie die weltweiten Aufwendungen für Lebensmittel)[180] oder die Rekordzahl an vertriebenen Menschen – all diese Missstände haben den gleichen Aufhänger: Machenschaften von und um Macht.

Die Ungerechtigkeiten und Verbrechen, die viele Menschen erschüttern, sind aber nicht das Ergebnis einer globalen Verschwörung. Die Welt wird nicht aus einem unterirdischen Bunker von einer geheimen Loge mit lustigen Hüten und elaborierten Kutten gelenkt. Wir werden auch nicht von gallertartigen Aliens mit Hang zum Sadismus ferngesteuert. Das Problem wächst von innen heraus. Denn egal wie oft wir sie aufsagen, Freiheit und Gleichberechtigung sind nicht die höchsten unserer Werte. Der wichtigste Wert ist Macht. Alles andere leitet sich von ihm ab oder geht nur so weit, wie es mit dem Machtprinzip vereinbar ist (Menschenrechte ja, aber bitte nicht für alle; Klimaschutz okay, doch nur, wenn ich alles weiter benutzen, besitzen und verbrauchen darf wie bisher). Eine Gesellschaft, der immerzu die Macht als Orientierungspunkt dient, ist ein System der Ungleichheit, welches sich selbst befüttert und krebsartig ausbaut.

Mit Macht wurde uns eine verteufelte moralische Währung an die Hand gegeben. Und weil sie das gewichtigste Handlungsmittel ist, kommt man nie ganz drum herum. Wir nehmen alle teil am Buhlen um Macht. Um sorgenfrei leben zu können, steht man besser an der Spitze der gesellschaftlichen Nahrungskette. Dazu will ein*e jede*r Macht erlangen oder sogar erweitern.[30] Sie ist so elementar und so normal für uns, dass die Mittel zu ihrer Erhaltung (Grenzabschottung, Diskriminierung, ungleiche Verteilung von Wohlstand) weitestgehend als legitim und unvermeidlich hingenommen werden. Damit das funktioniert, wird Selbstsucht für den*die Eine*n und Unterordnung für den*die Andere*n zur tugendhaften Pflicht erklärt. Es ist beinah bedauerlich, dass es keine Gruppe von Leuten oder einzelne Menschen gibt, die *von Natur aus* über allen anderen stehen, weil dann bräuchte es nicht all den Druck und die Gewalt, um an Macht zu kommen und um sie zu verteidigen. Doch Macht ist nicht natürlich. Die ewigen Kämpfe, die es um sie gibt (um Ländereien, den besseren Posten, die Wohnung in Kreuzberg, die Redehoheit usw.),

---

30 Man kann der Schlechtigkeit dieser Welt nicht einmal damit entfliehen, dass man bis zum Sankt-Nimmerleins-Tag mit einem Segelboot im Pazifik rumgurkt. Denn ein solcher Exit-Plan ist denjenigen vorbehalten, die die finanziellen Mittel und den richtigen Pass dafür haben, also Zugang zu Formen der Macht. Und vor der Klimakatastrophe kann man schon mal gar nicht weglaufen. So sehr man sich auch dem System und Konsequenzen entziehen möchte, es geht nicht, nicht ganz.

zeigen, wie vergänglich, konvertierbar und in dem Sinne beliebig das Halten von Macht ist. Der höchste Wert der Weltgemeinschaft ist also einer, der nie Sicherheit geben kann und nicht konsistent, geschweige denn zuverlässig ist. Macht ist pathologische Symbolik einer fiktiven Superiorität mit allzu konkreten Auswirkungen. Das ist nicht nur demoralisierend, sondern auch außerordentlich töricht. Es ist also kein Wunder, dass uns nichts so sehr in Wut und Zorn versetzt wie das Gefühl von Machtlosigkeit – wenn wir nicht an den höchstdotierten Werten und Normen teilhaben können. Wenn dann auch noch unser Ärger über diesen Ausschluss von der Mitbestimmung einfach abgetan wird, dann kann man schon mal vor Wut heulen.

Ich gönne diesen Seiten mal eine gute Nachricht: +++ *Normen und Werte lassen sich ändern und gemeinsam neu formieren* +++ Ende der guten Nachricht. Ein systemischer Wandel ist nicht leicht zu bewerkstelligen und leider sind wir als Menschheit bei der Aufstellung unseres Wertekatalogs vor Tausenden Jahren einmal komplett falsch abgebogen. Wir haben einen völlig widersinnigen Grundstein für unser Zusammenleben gelegt, der bis heute unser Handeln maßgeblich bestimmt.

Eine der wichtigsten Überlebensstrategien des *Homo sapiens* war und ist das Leben in Fürsorgegruppen. Dieses Verhalten ist die Weiterführung der sogenannten Matrifokalität, die man von vielen Säugetieren kennt – der Schutzraum, der sich um die Mütter und ihren Nachwuchs bildet. Bei Mäusen zum Beispiel sind es die drei Wochen, in denen der Wurf von der Mutter im Bau gesäugt und umsorgt wird, bis die jungen Mäuse schließlich ihrer eigenen Wege ziehen. Beim Menschen ist diese Sphäre deutlich ausgedehnt und beschränkt sich nicht ausschließlich auf die Mutter-Kind-Bindung, sondern erstreckt sich als verlässliche, lebenslange Kooperation von Müttern und Großmüttern über den gesamten Nachwuchs der Gruppe. Während bei vielen anderen Säugetierarten der Vater nach dem Liebesakt das Weite sucht oder nur noch eine geringe Bedeutung im Leben der Mutter und der Nachkommen spielt, sind Männer bei den Menschen, wie auch alle anderen Geschlechter, Teil des Familienverbands und nehmen am Sozialgeschehen teil.

Wer jetzt schon wieder wegen der angeblichen Ausrufung des Matriarchats aufheult, hat eine Angststörung. Es geht nicht um eine Machtumkehrung zwischen den Geschlechtern. Ein *weißes* Matriarchat wäre ein ebensolcher Mumpitz, wie das *weiße* Patriarchat es ist. Das Matrifokal ist keine künstlich geschaffene Gesellschaftsform, sondern ein angeborenes Sozialverhalten mit einer zentralen Kontinuität des Zusammenlebens. Diese Beständigkeit und die Teamarbeit aller Mitglieder waren das Erfolgsrezept für die Evolution unserer Spezies.[181] Der Fokus auf die gemeinschaftsverbindende Rolle der Mütter und Großmütter ist dabei wertfrei und nicht strategisch (Löwinnen und Elefantenkühen sagt auch niemand nach, sie unterdrückten oder manipulierten ihre Männchen). Die biologischen Tatsachen von Schwangerschaft, Stillzeit und das langjährige Fürsorgebedürfnis von Menschenkindern führten zu diesem Aufbau menschlicher Gemeinschaften. In matrifokalen Verbünden sind die Geschlechterverhältnisse egalitär, Herrschaftsstrukturen und organisierte Gewalt bleiben aus, weil sie ganz und gar unnötig sind.[31] Mehrere Hunderttausend Jahre sind wir wunderbar mit diesem artgemäßen Lebensmuster gefahren, bis uns das Patriarchat mit seinem Überlegenheitsprinzip in all seiner Unnatürlichkeit und Fremdheit voll da drübergebrettert ist. Das hat nicht nur zur Ungleichheit zwischen den Menschen, sondern auch zu flächendeckender Umweltzerstörung und der Klimakatastrophe geführt.

Die Wegentwicklung von der soziokulturellen Grundlage früher Menschengruppen nahm ihren Anfang mit dem Schaffen einer neuen maskulinen Identität. Vermutlich kam das durch die Oberpriester der Jägerkulte, die männliche Gottheiten verehrten, ins Rollen. Das Problem mit Göttern ist, dass die Menschen ihnen ständig nacheifern. Und wo aus diesseitigen Naturgöttern Götter der Überlegenheit wurden, entwickelte sich das menschliche Bewusstsein von herrschaftlicher Macht. Anstatt weiter friedlich als Teil derselben durch die Natur zu stiefeln, wollte man sie jetzt lieber unter Kontrolle bringen. Die humanoide Existenz sollte aus der Natur herausgelöst sein, so wie die Götter es waren. (Als oberstes Ziel ein unmögliches zu wählen, war nicht der geschickteste Zug, so viel sei schon mal verraten.)

---

31 D.h. nicht, dass es keine Rangordnungen oder Dominanzverhalten im biologischen Sinne gab. Als subdominante Tochter werde ich es in der biosozialen Beziehung zu meiner Mutter auch heute nicht wagen, zu widersprechen, wenn sie sagt, ich soll mich warm anziehen oder an der Ampel stehen bleiben.

Weil aber kein Weg in Richtung des Gott-Seins führte, wurden die naturverhafteten Frauen, mit ihrer nicht zu verleugnenden Fortpflanzungsfähigkeit, abgewertet, um so eine künstliche Differenz in der Wertigkeit zu erzeugen. Voilà, die erste Kaste und die Grundlage der heutigen weltweit vorherrschenden Gesellschaftsform ward geschaffen.[182]

Das erste nachweisliche Patriarchat wurde vor über 8000 Jahren in der südrussischen Steppe durch nomadische Viehzüchter errichtet, die nun, anders als die Wildbeuter, im Besitz einer Herde waren. Die Entdeckung des Konzepts der Vaterschaft (von dem sie als Viehzüchter etwas verstanden) führte zu der Annahme, dass Frauen nur die Behältnisse für männliche Spermien seien.[183][32] Es war das Ende der *female choice*, die uns bis dahin gute evolutionäre Dienste erwiesen hatte. Die väterliche Linie überschrieb die Ordnung der Matrifokalität und die Frauen waren nun nicht mehr der Bezugspunkt der Gemeinschaft, sondern der Besitz des Mannes. Diese Entwicklungen haben die menschliche Gesellschaft von Grund auf verändert. Ausgehend vom Herauslösen des Menschen aus der Natur und der Ungleichmachung von Mann und Frau sind über die Jahrhunderte komplexe Hierarchien entstanden, die nicht nur auf dem Geschlecht, sondern auch auf beispielsweise Ethnie, Reli-

32 Das Bild hat sich über die Jahrtausende wenig gewandelt. Ein verzopfter Kult von beachtlicher Größe verbreitet bis heute ungeniert Geschichten von einem misogynen Gott (Gen 3, 16.), einem (wohl auch männlichen) Geist und einem Sohn, die alle irgendwie der andere sind, sich selbst erzeugen und befruchten, um dann im Leib einer ansonsten unbeteiligten jüdischen Flüchtenden heranzureifen. Wer jetzt anmerken möchte, dass das alles nur symbolisch gemeint sei, der*die soll mal erklären, wofür genau diese Symbolik steht.

gionszugehörigkeit oder sozialer Klasse beruhen.[184] Denn wenn man einmal begonnen hat, eine Zweiteilung vorzunehmen, dann muss man die Fragmentierung unweigerlich immer weiterführen, um dem Prinzip der Höherwertigkeit hinterherzuhecheln. Man wird zwar nicht genuin erhabener, wenn man sich von der Masse abspaltet, aber wenigstens zum Teil einer relativen Oberschicht. Doch wer Eliten will, der meint eben nie alle und spricht immer nur für einen (möglichst geringen) Teil der Gesamtbevölkerung. Selbst die menschliche Besessenheit von Fleischkonsum lässt sich auf dieses ausgelobte Konstrukt von Subordination zurückführen.[185] Das Patriarchat ist also aus sich selbst heraus nie am Wohle aller Menschen, geschweige denn der niederen Natur interessiert. Umgekehrt beruht das Patriarchat auf einem ideologischen Gebilde wider unserer biosozialen Anlagen und kann daher nur durch Lüge und Gewalt aufrechterhalten werden. Denn wir hantieren ja den ganzen Tag bloß mit symbolischer, nie aber mit gegebener, wahrhaftiger Macht. Wenn sich alle Schriften auf einmal in Luft auflösen und man den Menschen ihr Wissen wegblitzt, dann werden Äpfel immer noch gravitätisch zum Boden fallen und Mütter zentrale Figuren in menschlichen Fürsorgeverbänden sein. Was sich nicht wiederholen würde, wären die gleichen Beschreibungen von und Rechtfertigung für die Existenzen von Auserkorenen und Verdammten, Dynastien und Untergebenen oder Eliten und Unterschichten. Denn sie basieren auf gleichermaßen arbiträren wie unerheblichen Unterschieden. Vielleicht ginge es dann um Obrigkeit durch Glaube an Paralleluniversen, anstatt an Götter, oder um die Überlegenheit von Menschen mit angewachsenen Ohrläppchen statt mit Testikeln. Auch körperliche Stärke ist kein obligatorischer Trumpf, denn eine solche Wertung unterschlägt die Großzahl menschlicher Eigenschaften, mit denen wir uns sonst mit Vorliebe rühmen. Die angebliche Ungleichheit ist frei erfunden und ohne objektive Grundlage, darum müssen Machtgefälle künstlich und unter gewaltigem Aufwand aufrechterhalten und unablässig beschworen werden.

Seit wir Gott und Götter im Zuge der Industrialisierung und im Auferstehen des Kapitalismus vor etwa 500 Jahren in ihren Zuständigkeiten beschnitten haben, hat der Mensch nun nicht mal mehr die Aussicht auf paradiesische Freuden im »Leben danach«, sondern erleidet noch mehr Diskontinuität, Entwurzelung und Aufteilung in Klassen. Die industrielle Welt hat uns Erfindungen wie die geschlechtliche Arbeitsteilung beschert und der Mensch selbst wurde zur »Arbeitskraft« degradiert (die unbezahlte Frauen wiederum zu reproduzieren und zu hegen hatten), was es noch an gemeinschaftlichen Verhältnissen und Besitz gab, wurde wegrationalisiert. Im Tausch wurde der Menschheit mehr Arbeitszeit zuteil, weniger Zeit für sich und die Vorstellung, dass diese Zeiten getrennt sein müssten. Während die Dinge, die den meisten Menschen am Herzen liegen (Familie, Gemeinschaft, Selbstentfaltung) immer mehr in den Hintergrund traten, wurde Zeit von einer physikalischen Größe in eine Maßeinheit der Geld- und damit Machtanhäufung gewandelt. Zeit war von nun an nicht mehr Leben, Zeit ist

Geld. Das Gebot der Stunde ist es, so viel zu konsumieren und zu produzieren, wie nur irgend möglich ist. Zu den vielen Dingen, die diese Epoche unbestritten produziert hat, gehört vor allem eines: viele Menschen. Vor Beginn der industriellen Revolution lebten gerade mal 500 Millionen Menschen auf der Welt und bereits im Jahr 1800 wurde die erste Milliarde geknackt.[186] Formal betrachtet sind solche Zahlen super, mit einer hohen Nachkommenschaft können wir uns sogar einen evolutionären Pluspunkt ins Heftchen kleben. Leider war es bei dieser Umformung des wirtschaftlichen und sozialen Lebens aber nicht von Belang, wie es all den Leuten dabei erging. Man konnte jetzt zwar mehr Menschen ernähren, bloß schlechter und die Lebensqualität schwand rapide dahin (erst recht bei dem neu entstandenen Proletariat). Und genauso wenig, wie ich beim Blick in eine Massentierhaltungsanlage in helle Freude über die hohe Populationsdichte ausbreche, würde ich auch bei der Spezies Mensch nicht behaupten wollen, dass die Qualität bedingungslos in der Quantität steckt.

Rein rechnerisch mangelt es an nichts, aber die Erfolge und Mehrerträge werden nicht geteilt und stattdessen von einer Auslese der Bessergestellten für sich beansprucht. Die Arbeiter*innen müssen die Dinge, die sie herstellen, von ihren Löhnen zurückkaufen. Darum ist die größte Herausforderung der Wirtschaft nicht, genügend für alle, sondern mehr Jobs produzieren zu müssen. Das Streben nach Produktion, Profit und technischem Fortschritt wird seither unermüdlich auf neue Höhen geschwungen. Dabei sind große Teile der Produktion zum Selbstzweck geworden und keine Reaktionen auf tatsächlichen Bedarf. Wenn man den Begriff »Wirtschaftswachstum« ehrlicherweise mit »gesteigerter Verbrauch« ersetzt, dann wird deutlich, dass wir uns in einem System bewegen, das auf Verschwendung und Ineffizienz beruht. Die Sinnhaftigkeit dessen wird derweil kaum mehr hinterfragt. Nach dem Prinzip »alles muss – nix geht« schlittern wir nur so durch soziale und ökologische Katastrophen, anstatt uns buchstäblich um den (Unt-)erhalt unseres Lebens zu kümmern.

Die kulturelle Verirrung des Patriarchats mit ihrer Gier nach Reichtum und Macht hat uns nebst aller Ungleichheit, Unterdrückung und Ungerechtigkeit zwischen den Menschen vor allem an den Rand einer wahrhaft existenziellen Krise geführt. Diese Katastrophe kommt nicht, sie ist da. Wir glauben allen Ernstes die Natur zu besitzen und können es gleichzeitig nicht aushalten, etwas zu besitzen, ohne es auch zu benutzen. Unser Anspruch von Überlegenheit gegenüber der Natur zerstört sie und so sind wir dabei, uns mit großen Schritten von unserer Zukunft zu verabschieden. Wir können uns nicht mit der Klimakatastrophe arrangieren, wir können nicht vor ihr fliehen (Kepler-452b ist 1.400 Lichtjahre weit entfernt), sie nicht bestechen, besänftigen oder anschreien, damit sie weggeht. Es steht nicht in unserer patriarchalen Macht.

Angebracht wäre es hingegen, endlich unserem Namen *sapiens* (lat.: weise, einsichtig) die Ehre zu erweisen und ein wenig des viel beschworenen menschlichen Verstandes zu nutzen, anstatt sich tatsachenrenitent der Einsicht über die Klimakrise zu verwehren. Es geht nicht um Meinungen, Stärke und Kompromissfähigkeit, sondern um Fakten, Logik und Naturwissenschaft. Wenn stattdessen ein haltloser Wert wie Macht der wichtigste Referenzpunkt für unser Denken und Handeln bleiben soll und wir das dann auch noch Vernunft nennen, dann können wir getrost anfangen, das Ende zu besingen.

Der längst fällige systemische Wandel bedeutet, dass wir uns von den Werten Macht und Profit verabschieden müssen und uns einem Verhalten und einer Gesellschaftsidee zuwenden, die unserer Natur und damit der Natur als Ganzem entspricht. *Aha, also zurück in die Höhle!* Was für ein Quatsch. Es gibt überhaupt keinen Grund, in Höhlen zu leben. Ada Lovelace hätte dort vor 100 Jahren sicherlich nicht das erste Computerprogramm geschrieben und Marie Curie hätte noch schlechtere Laborbedingungen für ihre Radioaktivitätsversuche vorgefunden. Katherine Johnson hätte keine Flugbahnen für NASA-Raumflüge berechnet (gekonnt hätte sie es bestimmt, aber die NASA gäbe es nicht), Tu Youyou hätte nicht die Behandlungsmöglichkeiten für Malaria revolutioniert. Und wozu hätte Mária Telkes in einer Höhle das erste mit Solarenergie beheizte Haus entwickeln sollen? Wenn wir noch in Höhlen leben würden, dann hätte ich wohl auch nie ein Gemälde von Frida Kahlo gesehen oder Nina Simones Lieder gehört. Nichts von all dem möchte ich missen. Es geht bei dem Erfordernis, ein naturgemäßes Gesellschaftsgefüge zu schaffen, nicht darum, sich zurückzuentwickeln und amöboid zu werden.

Ich werde mich auch hüten zu leugnen, dass das industrielle Zeitalter einiges hervorgebracht hat, was der Menschheit extrem dienlich war und weiterhin ist. Weitreichender Fortschritt in Herstellungsverfahren und Wissenschaft durch Mechanisierung und ausgedehnte Forschung sollen nicht unerwähnt bleiben. Nur reicht das nicht als Gratifikation und erst recht nicht als Argument für ein *weiter so!* aus. Wenn ich gelernt habe, mit links zu schreiben, weil mein rechter Arm gebrochen war, kann ich das beibehalten und es trotzdem tragisch finden, dass einst mein Knochen zersplitterte. Erst recht würde ich mir nicht noch weitere Gliedmaßen zerschmettern, damit ich irgendwann auch mit den Zehen oder zusammengeklemmten Pobacken einen Stift halten kann. Wir müssen unser Wissen und unsere (technischen) Fähigkeiten für eine Entwicklung einsetzen, in der die uns zur Verfügung stehenden Ressourcen verantwortungsvoll genutzt, geteilt und wo möglich bewahrt werden, nicht wie bisher habgierig verschwendet.

Die Abschaffung des Patriarchats bedeutet auch nicht Joch und Jammer für Männer. Trotz ihrer prinzipiellen Begünstigung leidet der Großteil von ihnen derzeit doch trotzdem unter den allgegenwärtigen Machtspielen. Angefangen damit, dass sie einem eindimensionalen »männlichen« Ideal zu entsprechen haben, über die Tabuisierung ihrer Emotionalität und vermeintlicher Schwächen bis hin zu all der Gewalt, die ihnen widerfährt, ihrer kürzeren Lebenszeit und höheren Selbstmordraten. Und ja, auch die natürliche Umwelt von Männern wird in diesem Augenblick zerstört. In einem System der Ungleichheit ist niemand sicher. Auch der Stellenwert eines Mannes ergibt sich daraus, ob er Schwarz oder *weiß*, gesund oder krank, reich oder arm usw. ist. Zu sagen, dass physische Polizeigewalt gegen Flüchtende speziell für Männer reserviert ist, als sei es das Normalste der Welt, und zu hören, dass »wir die Männer körperlich zurückdrängen. Ich betone jedoch, nur die Männer«,[187] ist doch für jeden Mann besorgniserregend. Die potenzielle Besserstellung macht Männer auch immer zu gefährlichen Konkurrenten und führt oft zu einer bewussten Ausradierung ihrer Menschlichkeit. Während Frauen und Kinder als homogene Masse als Opfer von Kriegen angesehen werden, gilt das für Männer kategorisch nicht. Sie verdienen keinen Schutz. So ließ die Gesellschaft für Internationale Zusammenarbeit (GIZ) ihre afghanischen Ortskräfte anlässlich des Einmarschs der Taliban in Kabul wissen, dass sie sich dazwischen entscheiden müssten, ihre Söhne über 18 zurückzulassen oder bei ihnen in Afghanistan zu bleiben. Die Begründung lautete, dass diese im Gegensatz zu erwachsenen Töchtern nicht zur »Kernfamilie« zählten.[188] Ich glaube nicht, dass meine Eltern bei ihren Kindern dieser Einteilung folgen würden.

Was ist zu tun? Da es Hunderte von Jahren dauern würde, bis Genmutationen, die uns das Überleben in einem gekippten globalen Ökosystem möglich machen könnten, sich im *Homo sapiens* durchgesetzt hätten, wird uns die biologische Evolution keine große Hilfe sein. Wenn wir dieses Rennen gegen uns selbst noch gewinnen wollen, dann bleibt uns nur eine kulturelle Evolution – eine Revolution. Oder wie es Swetlana Alexijewitsch sagte: »Um in der Epoche des Anthropozäns zu überleben, müssen wir andere Menschen werden.«[189] Wir brauchen nicht bloß einen technologischen, sondern einen gesellschaftlichen Wandel, und zwar schnell. Denn mit der derzeitigen Wertevergiftung im sozialen Leib wird sich keines unserer Probleme lösen lassen. Ein Paradigmenwechsel ist unabdingbar, um das beschränkte Konstrukt von Macht niederzureißen. Wir brauchen Kaskaden von Entmachtung – ideologisch, philosophisch, epistemisch, ökonomisch und ökologisch. Wir müssen entmachten, bis die Ärztin kommt (und diesmal dann zu allen), auch und vor allem uns selbst. Wir können es uns nicht leisten, uns mit weniger zufriedenzugeben. Dafür brauchen wir die Wut. Sie ist das Brennglas und der Antrieb, um uns an der Realität andocken zu lassen – nicht, um dort hängen zu bleiben, sondern um eine andere zu schaffen. In einer gesunden Wut-, Streit- und Debattenkultur und der damit einhergehenden ehrlichen Auseinandersetzung liegt die Möglichkeit zur Veränderung. Wenn Macht und Unterdrückung nicht nur Wut hervorrufen, sondern die Wut auch direkt als Gegenmittel eingesetzt werden kann, dann sage ich: los! Wir können mit unserer Wut Wände einreißen, anstatt sie hochzugehen. Wir müssen uns Wandel, Aufklärung, Aktivismus, Zusammenhalt und Verantwortung zutrauen – nicht trotz des Erzürnens von Machthaber*innen aller Grade, sondern gerade deswegen. Nutzen wir die Wut, um die Macht schlechthin abzuschaffen.

Je mehr dabei mitmachen, desto einfacher wird das. Wenn nicht, dann müssen wir darum kämpfen. Errungenschaften müssen, nun ja, errungen werden. Denn den Preis für unsere Wut- und Mutlosigkeit zahlen heute schon viele. Am Ende zahlen ihn wohl alle. Wer dabei nach Nüchternheit verlangt, der kann sich ja noch mal genau anschauen, was uns diese gebracht hat: eine phlegmatische und ebenso zynische Patina, die alles Menschliche an sich abtropfen lässt. Jeden Tag sterben Menschen. Jeden Tag sterben ganze Arten aus. Mal wieder eine Jahrhundertflut hier und Jahrhundertbrände dort, Krieg und Terror, Massentierhaltung und Tierversuche, Menschenhandel und Kinderarbeit, Verschmutzung der Meere und Verseuchung der Böden, verhungernde Menschen im Jemen und verhungernde Eisbären im Norden. In einem unfassbaren Tempo und mit genauso unfassbarer Gleichgültigkeit, mit atemberaubender Kurzsichtigkeit und ohne jede Gnade heizen wir diesen Wahnsinn an. Sollen wir wirklich nur eine kalte Excel-Tabelle darüber führen? Oder sollen wir nicht viel lieber angemessen emotional und zornig darauf reagieren? Wenn die Dinge nicht zum Aushalten sind, dann müssen wir sie ändern, anstatt sie schönzufärben und dadurch zu bagatellisieren. Emotionslosigkeit angesichts dessen, was um uns herum und durch uns geschieht, ist schiere Dreistigkeit. Her mit der Rage! Wir müssen endlich weniger Energie darauf verwenden, Ausflüchte und Entschuldigungen zu finden und diese Energie dafür freisetzen, die Probleme auszutilgen. Wut ist kein originelles Bonusmaterial unserer Emotionslandschaft, sondern eine Notwendigkeit für das Überleben. Unbequem zu sein, und es damit auch oft selbst unbequem zu haben, ist die einzige ehrliche Antwort auf eine brutale Realität. Das ist nicht immer schön. Und wo

Macht im Spiel ist, da ist auch die Angst nicht weit. Jede hierarchische Struktur nutzt Angst für ihre Aufrechterhaltung. Von der Angst, etwas zu verlieren (Besitz, Ansehen, Zugehörigkeit), bis hin zur Angst um das eigene Leben. Sich dieser Angst nicht zu beugen, bedeutet, dem System der Macht etwas entgegenzusetzen, es zurückzuweisen. Und wer mehr Möglichkeiten dazu hat (weil er*sie sich vielleicht nur um finanziellen Wohlstand ängstigen muss und nicht um Leib und Leben), steht allen voran in der Verantwortung, etwas zu tun.

Wer nicht glauben mag, dass sich soziale Stabilität, hinreichende Produktion und wissenschaftlicher Fortschritt durch etwas anderes als Macht, Gier und Zwang erreichen lassen, der*die hat einen noch misanthropischeren Blick auf die Welt als ich. Sich leichter den Kollaps des Planeten als das Ende des kapitalistischen Patriarchats vorstellen zu können, ist kein sonderlich inspirierendes Zeugnis menschlicher Imaginationsgabe. Neugier oder der Wunsch nach einem erhöhten Allgemeinwohl, das sich sowohl am Menschen als auch an der Umwelt orientiert, sind vortreffliche Motivatoren und ureigene Züge des menschlichen Wesens. Alternativ können wir natürlich auch in der Tatenlosigkeit verweilen und während des Untergangs noch ein paar letzte Selfies mit Partyhütchen von uns schießen. Ich befürchte nur, dass wir davon nichts haben werden. Der Mensch kann dann immerhin aufhören, sich mit der uralten Frage nach dem Sinn des Lebens zu quälen, wenn wir unser Habitat und damit unsere Überlebensfähigkeit einfach aufgeben.

Auch wer es bei aller Liebe und Fantasie für nicht erdenklich hält, die Welt verändern zu können, muss sich trotzdem überlegen, welche Werte im persönlichen Leben Platz finden sollen. Eine Garantie zum Erfolg gibt es nicht. Aber ganz sicher ist nichts gewonnen, wenn man in betrübtem Fatalismus schwelgt. Wer das tut, nutzt sein Jammern wieder nur als Entschuldigung, um nichts zu tun. Wir müssen anerkennen, dass es fünf nach zwölf ist, aber das nicht zum Anlass zur Klage, sondern zur Anklage nehmen. Wir müssen zu der Überzeugung gelangen, dass es Grund genug ist, wenn unser Handeln eine positive Wirkung haben *könnte*. Unser Tun kann nicht davon abhängig sein, wie wahrscheinlich oder leicht das Erreichen eines Ziels ist, davon, ob schon eine Mehrheit dafür kämpft, sondern davon, ob es unseren innersten Grundsätzen und Maßstäben gerecht wird. Das ist der einst von Antonio Gramsci geforderte *Pessimismus des Verstandes* und der *Optimismus des Willens*.[190]

Mit der Wut allein ist es sicherlich nicht getan. Der Antagonismus kann uns spiegeln, was wir sind und auch was wir nicht sein wollen, aber er kann uns nicht verraten, was wir werden können.[191] Um eine Zukunft zu gestalten, braucht es mehr als nur die Dekonstruktion des Alten. Wir müssen eine Vision davon erschaffen, welche Werte und welche Art des Zusammenlebens wir errichten wollen. Nur gegen etwas zu sein, also eine Definition des Neuen durch Negierung, wird uns nicht weiterbringen als das Patriarchat.[192] Anstelle eines Potpourris aus Geboten und Verboten müssen wir auf Verantwortung und Freiheit setzen.[33] Bei aller Mühsal und allem Kopfzerbrechen darüber, wie schwierig und komplex diese Aufgabe ist, sollte man nicht vergessen, dass das Ziel diesmal nicht das Unerreichbare ist. Der Irrglaube an Macht als sicherheitsbringenden Wert und unsere gottähnliche Überlegenheit entmenschlichen uns. Wie die Titanen stiefeln wir umher, doch wir haben kein ewiges Leben. *Don't kill the messenger*, aber für uns geht es nicht so oder so bis zur Unendlichkeit weiter. Nur Unsterblichen steht frei, sich nicht zu entscheiden. Als Sterbliche*r hat man keine andere Wahl, als sein finites Dasein zu gestalten. Genau darin liegen eben jene Verantwortung und unsere menschliche Freiheit. Passivität ist die Entscheidung dagegen, diese Verantwortung und Freiheit wahrzunehmen. Nur erreicht man dadurch statt Unsterblichkeit bloß die Aufkündigung seiner Menschlichkeit.

Da ich (Achtung, *spoiler alert!*) keine Religion gegründet habe, verspricht dieses Buch nicht, alle Weisheiten der Welt zu enthalten. Ich verkaufe auch keine Revolutions-Abos oder Teile der Zukunft. Wo genau die Reise hingehen kann und soll, muss gemeinsam herausgefunden werden. Die Zauberformel lautet, kollektiv auf Veränderungen zu reagieren und

---

33 Hier geht es auch immer um die Freiheit der anderen. Wer sich eingeschränkt fühlt, wenn Mindeststandards an Rechten, Sicherheit und Bezahlung auch in fernen Produktionsstätten eingehalten werden sollen, weil alles andere den wirtschaftlichen Ruin bedeuten würde, der*die sei daran erinnert, dass so manche*r Plantagenbesitzer*in zu Zeiten der Abschaffung der Sklaverei ähnlich argumentiert hat. Das Dahinscheiden von Henkerszünften, die Abkehr von Kinderarbeit oder FCKW kann man auch unter Gesundheit und Gemeinwohl verbuchen anstatt unter Verbot und Verzicht.

so eine Gesellschaft zu schaffen, die allen gerecht wird. »Ich habe sehr, sehr früh im Leben entdeckt, dass das Leben mit Fragen gefüllt ist«, sagte Betty Reid Soskin kurz vor ihrem 100. Geburtstag, »es waren die Fragen, die wichtig waren, niemals die Antworten. Die Antworten verändern sich ständig, die Fragen wachsen.«[193] Wenn wir eine fortschreitende Realität, sich ändernde Zeiten, Bedürfnisse, Möglichkeiten und Unmöglichkeiten meistern wollen, dann bringt uns die Behauptung, die ultimative Blaupause für alles Kommende im Köfferchen zu haben, nicht weiter. Aus gegebenem Anlass verweise ich aber nochmals auf das Konzept von Kooperation und Kontinuität. Und da es beim letzten Mal gewaltig schiefgelaufen ist, sollten wir dabei diesmal einen biozentrischen und keinen anthropozentrischen Schwerpunkt setzen. Meinetwegen müssen wir nicht einmal aufs Matrifokal wetten, das sowieso »nur« eine Gemeinschaft beschreibt und nicht eine ganze Gesellschaft. Ich bin sehr dafür, dass alle Geschlechter den Job der Kontinuität erledigen und zentrale Rollen des Sozialgefüges ausfüllen. (Die Menschen der Frühzeit hatten im Zweifelsfall allerdings ein sehr progressives, da natürliches, Verhältnis zu diversen sozialen Geschlechtern, sexuellen Orientierungen und emotionalen Bindungen.) Viele Frauen werden und wollen sich gar nicht als Mutter probieren, wenn sie die Wahl dazu haben. Wir müssen auch nicht ausschließlich mit unserer Blutsverwandtschaft zusammenhocken. Die soziale Ordnung für eine zunehmend globalisierte und alternde Bevölkerung darf schon eine andere sein als für ein paar verstreute Gruppen von Jäger*innen und Sammler*innen mit einer durchschnittlichen Lebenserwartung von 35 Lenzen. Natürlich ist es einfacher, mit einer Sippe von 40 Kumpel*innen als mit 8 Milliarden Unbekannten zu diskutieren. Eine veränderte Gesellschaft ist immer noch kein Ringelpiez mit Anfassen. Menschen werden weiterhin Fehler machen und andere Grund zur Wut haben. Nachbar*innen werden Trompete spielen lernen, Herzen gebrochen werden und das Essen anbrennen. Die Abschaffung von Macht wird an der Niedertracht von Türrahmen und Legosteinen nichts ändern. Vielleicht werden wir nie jedwede Art von Gewalt und Ränkespielen loswerden, weil der Mensch immer noch Mensch sein wird. Ötzi war auch das Opfer einer Gewalttat, und obwohl sich kriegerische Konflikte erst mit der Sesshaftigkeit des Menschen häuften, kamen sie vereinzelt auch vorher schon vor.[194] Aber reicht uns das, um mit den Schultern zu zucken und zu behaupten, dass es einfach nicht anders ginge, dass Herrschaft und Gewalt unverbrüchlich seien?[34]

34 Biologisch ist der Mensch am engsten mit den Schimpansen verwandt. Bonobos (oder Zwergschimpansen) leben überaus friedlich in matrifokalen Verbänden zusammen und reagieren entspannt auf fremde Bonobogruppen. Die Gemeinen Schimpansen jedoch haben eine ausgeprägte Rangordnung und ein aggressives, oft auch angriffslustiges Konkurrenzverhalten, das bis zu Kindstötungen bei anderen Gruppen führt. Der Grund für das unterschiedliche Verhalten unserer Vetter und Basen liegt in ihrem Zugang zu Ressourcen. Durch die Entstehung des Kongo wurden die Ur-Schimpansen in eine Population nördlich und eine südlich des Flusses gespalten. Während es im Süden reichlich Lebensraum und Nahrung gab, musste im Norden darum gekämpft werden, um das eigene Überleben zu sichern. Ich kann feierlich feststellen, dass wir genug von allem für alle haben, wenn wir es denn richtig nutzen und aufteilen würden. Der Mensch hat somit keine (verhaltensbiologische) Rechtfertigung, sein aggressives Gehabe aufrechtzuerhalten. Siehe dazu: Zeit Online, Max Rauner: Die zwei Gesichter des Menschen. 15. April 2016.

Wir können die Rahmenbedingungen für Akte der Gewalt und Machtausübung ändern, ihnen das Fundament nehmen, ohne dafür vollkommene Geschöpfe werden zu müssen. Eine Gesellschaft, die Zuhör- und Diskutier-Trupps losschickt anstatt Armeen und Eroberer, mutet ungewohnt an, ist aber bei genauerer Betrachtung durchaus weniger absurd, als Unmengen durch Ignoranz und Verfolgung verlorenen Wissens oder als ein Arsenal von 13.000 Atomsprengköpfen, mit denen man die Menschheit und so ziemlich alles andere gleich mehrfach auslöschen kann.[195]

Ich sage nicht, dass es einfach wird, eine solche ökologische und soziale Revolution einzuläuten und die heutige Gesellschaftsform hinter uns zu lassen. Es wird nicht reichen, einen Kettenbrief mit der freundlichen Bitte darum loszuschicken. Aber manchmal schlägt der Lauf der Geschichte überraschend neue Wege ein. Der geforderte Einsatz und die tiefgreifenden Veränderungen an sich können beim besten Willen nicht bedrohlicher wirken als die derzeitige Lebenssituation von Milliarden Menschen und der anstehende volle Ausbruch der Klimakatastrophe. Wenn wir nicht sowohl mörderisch als auch indirekt suizidal sein möchten, als Einzelne, als Gesellschaft und als Art, dann haben wir keine andere Wahl, als es zu wagen. Es geht dabei nicht um Perfektion. Ein alternatives Konzept kann und muss nicht hundertprozentig stehen, bevor man anfängt, etwas davon umzusetzen. Für persönliches Wachstum, für das Errichten von oder den Anschluss an solidarische und emanzipatorische Strukturen braucht man auf nichts warten. Besetzen Sie Datteln 4 und die Bayer-Zentrale, retten

Sie Lebensmittel und eröffnen Sie eine KüfA[35], streichen Sie die Straße von Friedrich Merz in Regenbogenfarben an und werden Sie Fluchthelfer*in, befreien Sie Tiere aus Mastanlagen, Schlachthöfen und Pelzfarmen, kämpfen Sie für Biotopschutz, und machen Sie verdammt noch mal den Mund auf, wenn Menschen diskriminiert werden. Schaffen Sie ihre eigenen Privilegien ab, und wenn Sie nicht viele davon haben, dann haben Sie erst recht allen Grund, loszulegen. Der richtige Zeitpunkt ist jetzt.

Es ist mordsmäßig anstrengend und nervenaufreibend, wütend zu sein, und so ist das Schönste am Zorn, dass er nicht bleiben will. Es ist das grundlegende Begehren dieses Gefühls, sich selbst abzuschaffen. Darum sollten wir die Todsünde schnurstracks zur Kür erheben und als zulässige, Klarheit beschaffende Emotion und als Gegenmittel zu Selbstminimierung, Leugnung, Verleumdung, Passivität und Resignation zu schätzen lernen. Ich werde daher weiter fauchen und toben – bis es das Normalste der Welt ist, in einer diversen Runde völlig gleichberechtigter Menschen, die aus freien Stücken gekommen und willkommen sind, bei veganem Essen aus nachhaltiger und solidarischer Landwirtschaft auf einem renaturierenden Planeten zu hocken und darüber den Kopf zu schütteln, dass es Zeiten gab, zu denen nicht nur mit Waffen und Wasser, sondern auch mit Menschen und Tieren gehandelt wurde. Das klingt lächerlich? Das tat es auch, als die Aba-Frauen den Auf-

35 Küche für Alle

stand gegen die britische Kolonialherrschaft probten, als die Suffragetten für das Frauenwahlrecht stritten, als Rosa Parks sich in aller Entschiedenheit weigerte, ihren Sitzplatz zu räumen, als Rachel Carson voll wissenschaftlichem Zorn den Einsatz des Pestizids DDT anprangerte, als Marsha P. Johnson und Sylvia Rivera in den *Stonewall Riots* gegen transphobe Polizeigewalt auf die Barrikaden gingen oder als Berta Cáceres furchtlos für die Rechte der indigenen Lenca und gegen den Bau eines Staudamms kämpfte.

Wir sind noch lange nicht fertig, liebe Leute. Wer nicht wütend ist, hat nur (noch) nicht richtig aufgepasst.

Anmerkungen

1 Nachzulesen an vielen Stellen, z. B. hier: Amnesty International: Between the Devil and the deep blue sea: Europe fails refugees and migrants in the central Mediterranean. London 2018.

2 Seit 2014 sind im Mittelmeer weit über 22.000 Flüchtende gestorben (Stand August 2021), die Dunkelziffer dürfte deutlich höher liegen. Offizielle Zahlen lassen sich beim Missing Migrant Project der IOM (Internationale Organisation für Migration) finden; https://missingmigrants.iom.int/region/mediterranean.

3 Audre Lorde stellte sich selbst am besten vor: »I am a Black, lesbian, mother, warrior, poet.« Das angeführte Zitat ist hier zu finden: Audre Lorde (1981): Sister Outsider. München 2021, S. 13. Tun Sie sich selbst den Gefallen und lesen alles von der Frau, was Sie nur irgendwie in die Finger kriegen können.

4 Eurostat, 2020; https://ec.europa.eu/eurostat/documents/2995521/10928896/1-02062020-AP-DE.pdf/a327142e-1cd4-5f6c-9aab-7ee3b6a6815f.

5 Der UNHCR (United Nations High Commissioner for Refugees, zu Deutsch: Hoher Flüchtlingskommissar der Vereinten Nationen) veröffentlicht jährlich Berichte zu globalen Fluchtbewegungen. UNHCR: Global Trends. Forced Displacement – 2020. Brüssel 2021. Die tatsächliche Zahl von Menschen auf der Flucht ist allerdings deutlich höher anzusiedeln. Die enge Definition eines »Flüchtlings« durch die Genfer Flüchtlingskonvention bildet ein Nadelöhr, wenn es zur offiziellen »Qualifizierung« von Schutzbedürftigkeit kommt. Die darin festgeschriebenen Anlässe begründeter Flucht setzen allesamt Diskriminierung voraus (durch Verfolgung aufgrund von Rasse, Religion, politischer Überzeugungen usw.). Menschen, die vor unterschiedslosen Kriegsereignissen und Terror fliehen oder sich etwa durch Umweltzerstörung und Landraub vertrieben sehen, fallen damit nicht unter den offiziellen Begriff »Flüchtling« – eine Definition, die den Auswirkungen vieler heutiger Kriegs- und Krisenereignisse nicht gerecht wird.

6 Europäische Kommission: Statistik zur Migration nach Europa. 2021; https://ec.europa.eu/info/strategy/priorities-2019-2024/promoting-our-european-way-life/statistics-migration-europe_de. Die Zahl von 0,6 % bezieht sich auf die letzte Erhebung von 2019. Die Zahlen zum Flüchtlingsanteil im Libanon sind aktueller, aber seit 2019 unverändert. UNHCR: Libanon: Stark

belastetes Aufnahmeland. Undatiert; https://www.uno-fluechtlingshilfe.de/hilfe-weltweit/libanon.

7 Europäische Union: Europäische Union erhält Friedensnobelpreis 2012. Undatiert; https://www.europarl.europa.eu/news/de/headlines/eu-affairs/20121012STO53551/friedensnobelpreis-2012-fur-europaische-union.

8 Zitiert aus welt.de, Silke Mülherr: »Es wird nicht ohne hässliche Bilder gehen«. 13. Januar 2016; https://www.welt.de/politik/ausland/article150933461/Es-wird-nicht-ohne-haessliche-Bilder-gehen.html.

9 Süddeutsche Zeitung, Cathrin Kahlweit: Militär gegen Flüchtlinge. 26. August 2015; https://www.sueddeutsche.de/politik/ungarn-militaer-gegen-fluechtlinge-1.2621949.

10 Lesen Sie dazu gleich am besten dieses Buch: Donatella Di Cesare: Philosophie der Migration. Berlin 2021.

11 Verfassungsblog, Samuel Hartwig: Quo Vadis Frontex: Crossing the Fine Line Between Prevention and Repression?. 4. Februar 2020; https://verfassungsblog.de/quo-vadis-frontex-crossing-the-fine-line-between-prevention-and-repression/. Und auch sehr aufschlussreich: Corporate Europe Observatory, Myriam Douo, Luisa Izuzquiza & Margarida Silva: Lobbying Fortress Europe. The making of a border-industrial complex. 5. Februar 2021; https://corporateeurope.org/en/lobbying-fortress-europe oder vereinfacht und auf Deutsch unter Frontex Files; https://frontexfiles.eu/.

12 Die Angaben zu Frontex finden sich hier: Raphael Bossong: The Expansion of Frontex, in: SWP Comment No. 47. Berlin 2019, S. 2. Die Angaben zur EU-Agentur für Grundrechte (EU Fundamental Rights Agency – FRA) hier: FRA, 2021; https://fra.europa.eu/sites/default/files/fra_uploads/statement_of_revenue_and_expenditure_for_the_financial_year_2021_en.pdf.

13 Bellingcat, Nick Waters, Emmanuel Freudenthal & Logan Williams: Frontex at Fault: European Border Force Complicit in ›Illegal‹ Pushbacks. 23. Oktober 2020; https://www.bellingcat.com/news/2020/10/23/frontex-at-fault-european-border-force-complicit-in-illegal-pushbacks/. Oder in: Der Spiegel, Giorgos Christides, Emmanuel Freudenthal, Steffen Lüdke & Maximilian Popp: Frontex in illegale Pushbacks von Flüchtlingen verwickelt, in Ausgabe 44/2020, 23. Oktober 2020. Oder auch bei Statewatch: EU: Legal actions pile up against Frontex for involvement in rights violations. 23. Februar 2021; https://www.statewatch.org/news/2021/february/eu-legal-actions-pile-up-against-frontex-for-involvement-in-rights-violations/.

14 Statewatch: EU: Frontex director accused of misleading parliament over fundamental rights obligations. 18. Januar 2021; https://www.statewatch.org/news/2021/january/eu-frontex-director-accused-of-misleading-parliament-over-fundamental-rights-obligations/. Und Statewatch: EU: Pushbacks scan-

dal: Internal letters shed light on Frontex's fundamental rights recruitment failures. 25. März 2021; https://www.statewatch.org/news/2021/march/eu-pushbacks-scandal-internal-letters-shed-light-on-frontex-s-fundamental-rights-recruitment-failures/.

15 Süddeutsche Zeitung/dpa: EU-Spitze dankt Griechenland: »Europäischer Schild«. 3. März 2020; https://www.sueddeutsche.de/politik/eu-eu-spitze-dankt-griechenland-europaeischer-schild-dpa.urn-newsml-dpa-com-20090101-200303-99-163084. Und auch sehr aufschlussreich: Pro Asyl: Der Schießbefehl an den Grenzen ist europäische Realität geworden. 6. März 2020; https://www.proasyl.de/news/der-schiessbefehl-an-den-grenzen-ist-europaeische-realitaet-geworden/.

16 EU Policy Department for Citizens' Rights and Constitutional Affairs, Violeta Moreno-Lax, Jennifer Allsopp, Evangelia Tsourdi & Philippe De Bruycker: The EU Approach on Migration in the Mediterranean. Brüssel 2021, S. 101.

17 Eine Studie findet sich z. B. hier: Eugenio Cusumano et al.: Sea Rescue NGOs: A Pull Factor of Irregular Migration?, in: Robert Schuman Centre Policy Brief, Ausgabe 2019/22, Florenz 2019.

18 EU Policy Department for Citizens' Rights and Constitutional Affairs, Violeta Moreno-Lax, Jennifer Allsopp, Evangelia Tsourdi & Philippe De Bruycker: The EU Approach on Migration in the Mediterranean. Brüssel 2021, S. 93 ff.

19 Da half es auch nichts, dass Deborah Gold, Geschäftsführerin des National AIDS Trust, erklärte: »Kleidung ist kategorisch kein HIV-Übertragungsrisiko und war es auch nie«, vielmehr sei diese Behauptung »selbst unter den Fehlinformationen der 1980er-Jahre als lächerlich aufgefallen.« Die italienische Staatsanwaltschaft verhängte ungeachtet dessen eine Geldstrafe von 460.000 Euro und fror erst mal die Konten der NGO ein. Siehe dazu: The Guardian, Lorenzo Tondo: Italy orders seizure of migrant rescue ship over ›HIV-contaminated‹ clothes. 20. November 2018; https://www.theguardian.com/world/2018/nov/20/italy-orders-seizure-aquarius-migrant-rescue-ship-hiv-clothes. Für einen generellen Überblick über die Lage der zivilen Seenotrettung siehe: FRA, 2021, https://fra.europa.eu/en/publication/2021/june-2021-update-ngo-ships-sar-activities.

20 Taz, Dinah Riese: NGO-Schiffe dürfen nicht aufbrechen. 20. August 2020; https://taz.de/Einsaetze-im-Mittelmeer-verhindert/!5708729/.

21 Siehe dazu: EU Policy Department for Citizens' Rights and Constitutional Affairs, Violeta Moreno-Lax, Jennifer Allsopp, Evangelia Tsourdi & Philippe De Bruycker: The EU Approach on Migration in the Mediterranean. Brüssel 2021, S. 112. Sowie: Iuventa – Solidarity at Sea: Case; https://iuventa-

crew.org/case. Und: Are You Syrious?: AYS Special 2019/2020: On trial for saving lives – Criminalization of solidarity. 1. Januar 2021; https://medium.com/are-you-syrious/ays-special-2019-2020-on-trial-for-saving-lives-criminalization-of-solidarity-d569fdffe50a. Und FRA, 2021; https://fra.europa.eu/sites/default/files/fra_uploads/table_2_criminalisation_ngo_sar_as_of_june_2021_en.pdf.

22 United Against Inhumanity 2019, Sarah Hammerl: Asylum Criminalisation in Europe and Its Humanitarian Implications. Verfügbar unter https://www.intersos.org/wp-content/uploads/2019/06/Asylum_Criminalisation_report_EN.pdf.

23 Dass solche Pushbacks systematisch durchgeführt und angeordnet werden, ist umso erschreckender, da der Europäische Gerichtshof sich schon im Jahr 2012 entschieden gegen dieses Vorgehen aussprach. Im Fall »Hirsi Jamaa u.a. gg. Italien« (Az. 27765/09) wurde Italien verurteilt. 2009 wurde eine Gruppe eritreischer und somalischer Staatsbürger*innen von der italienischen Küstenwache zunächst gerettet, dann aber auf einem Kriegsschiff ins libysche Tripolis zurückgebracht. Dort wurden die Flüchtenden an Land gezwungen und an die libyschen Behörden überstellt. Das Hirsi-Urteil bekräftigte, dass die Rückführung Geretteter nach Libyen, ohne ihnen die Möglichkeit zu geben, Asyl zu beantragen, rechtswidrig im Sinne der Europäischen Menschenrechtskonvention ist.

24 Infos zu dem Fall der »El Hiblu 3« finden Sie hier: https://elhiblu3.info/.

25 Infos zu Nour Al-Samehs Fall gibt es hier: Grenzenlose Solidaritat: [Greece] Free Nour – Criminalization of Refugees as Human Traffickers. Abrufbar unter https://cantevictsolidarity.noblogs.org/post/2019/10/05/greece-free-nour-criminalization-of-refugees-as-human-traffickers/.

26 Aljazeera: Refugee father charged with son's death on journey to Greece. 19. März 2021; https://www.aljazeera.com/news/2021/3/19/refugee-father-charged-with-sons-death-on-journey-to-greece.

27 Der Tagesspiegel, Matthias Meisner: Seehofer-Ministerium fordert Stopp der Seenotrettung im Mittelmeer. 10. April 2020; https://www.tagesspiegel.de/politik/ein-appell-menschen-ertrinken-zu-lassen-seehofer-ministerium-fordert-stopp-der-seenotrettung-im-mittelmeer/25729784.html.

28 Ein Dossier der Heinrich-Böll-Stiftung, Anna Anslinger et al.: Frauen und Flucht: Vulnerabilität – Empowerment – Teilhabe. Berlin 2018; https://www.boell.de/sites/default/files/frauen_und_flucht.pdf.

29 Welt Economic Forum (WEF): It will take another 136 years to close the global gender gap. 12. April 2021; https://www.weforum.org/agenda/2021/04/136-years-is-the-estimated-journey-time-to-gender-equality/ und aus dem gleichen Hause: Global Gender Gap Report 2021. Genf 2021.

30 Der Bevölkerungsfonds der Vereinten Nationen (United Nations Population Fund – UNFPA) veröffentlichte 2021 den erschütternden Report: My Body is My Own. New York 2021.

31 Lesen Sie dieses Buch und versuchen Sie erst gar nicht, dabei nicht zu schreien. Caroline Criado-Perez: Unsichtbare Frauen. München 2020 (6. Aufl.).

32 UNFPA: My Body is My Own. New York 2021.

33 BKA: Partnerschaftsgewalt – Kriminalstatistische Auswertung – Berichtsjahr 2020;https://www.bka.de/SharedDocs/Downloads/DE/Publikationen/JahresberichteUndLagebilder/Partnerschaftsgewalt/Partnerschaftsgewalt_2020.html;jsessionid=27AE929D1B68438C63F2DDEB139AE0C8.live301?nn=63476.

34 Frauenhaus-Koordinierung e. V.: Auch Frauenhäuser und Fachberatungsstellen von Corona-Krise betroffen. 18. März 2020; https://www.frauenhaus-koordinierung.de/aktuelles/detail/pressemeldung-auch-frauenhaeuser-und-fachberatungsstellen-von-corona-krise-betroffen/.

35 Rosa-Luxemburg-Stiftung, Merle Dyroff, Marlene Pardeller & Alex Wischnewski: #keinemehr – Femizide in Deutschland. Berlin 2020.

36 Siehe dazu Deutschlandfunk Kultur, Anne Demmer: Der Protest der Frauen formiert sich. 8. März 2021; https://www.deutschlandfunkkultur.de/femizide-in-mexiko-der-protest-der-frauen-formiert-sich.979.de.html?dram:article_id=493700.

37 Dazu eine Analyse von Prof. Kristina Wolff vom Femicide Observation Center Germany (FOCG): Evidence-Based Data on German Femicides. 30. April 2021; https://kristina-wolff.de/wp-content/uploads/2021/05/20210430_FOCG_Evidence-Based-Data-on-German-Femicides.pdf. Die Daten des FOCG wurden mehrfach von der UN-Sonderberichterstatterin zu Gewalt gegen Frauen, Dubravka Šimonović, herangezogen und veröffentlicht. Im Vergleich zu den Erhebungen des BKA sind die Zahlen des FOCG verlässlicher. Nicht nur lässt das BKA bis zur Veröffentlichung seiner Statistiken viel Zeit und damit Handlungsmöglichkeiten verstreichen, zusätzlich wird die Anzahl der gelisteten Femizide durch unzureichende Bestimmungskriterien und mangelhafte Abfragen künstlich klein gehalten.

38 Gabriela Herpell interviewt Rechtsanwältin Christina Clemm über die Gefahren partnerschaftlicher Gewalt in BISS: Das große Tabu. 31. Januar 2021; https://biss-magazin.de/das-grosse-tabu/.

39 Hier das besagte Urteil (2 StR 349/08) des Bundesgerichtshofs vom 29. Oktober 2008: http://juris.bundesgerichtshof.de/cgi-bin/rechtsprechung/document.py?Gericht=bgh&Art=en&sid=af62855a1dd29f38d681cac930d2496b&nr=46065&pos=0&anz=1. Das Zitat ist auf S. 7 zu finden.

40 Siehe dazu bspw.: Ulrike Lembke: Das Recht des Stärkeren – Zur schwierigen dogmatischen Beziehung von Heimtückemord, Trennungstötung und Gewaltschutzgesetz, in: NK Neue Kriminalpolitik, Vol. 21 (2009) Issue 3, S. 109–114.

41 Report von Katherine F. Smith et al.: Global rise in human infectious disease outbreaks, in: Journal of the Royal Society, Ausgabe 11(101), London 2014. Und ebenso interessant der UNEP-Bericht: Frontiers 2016: Emerging issues of environmental concern. Nairobi 2016, insbesondere Chapter 2: Zoonotic Diseases.

42 Scientific American, John Vidal: Destroyed Habitat Creates the Perfect Conditions for Coronavirus to Emerge. 18. März 2020; https://www.scientificamerican.com/article/destroyed-habitat-creates-the-perfect-conditions-for-coronavirus-to-emerge/. Und DW, Charlie Shield: Coronavirus pandemic linked to destruction of wildlife and world's ecosystems. 14. April 2020; https://www.dw.com/en/coronavirus-pandemic-linked-to-destruction-of-wildlife-and-worlds-ecosystems/a-53078480. Und DownToEarth, Ashutosh Senger: Could forest loss have triggered the COVID-19 pandemic?. 16. Juni 2020; https://www.downtoearth.org.in/blog/wildlife-biodiversity/could-forest-loss-have-triggered-the-covid-19-pandemic—71786.

43 Klimareporter, Sandra Kirchner: Corona legt Regenwaldschutz lahm. 15. April 2020; https://www.klimareporter.de/international/corona-legt-regenwaldschutz-lahm und Frankfurter Rundschau, Klaus Ehringfeld: Brasilien: Corona-Tote und Regenwald-Abholzung – Rückhalt für Jair Bolsonaro schwindet. 5. Januar 2021; https://www.fr.de/politik/brasilien-jair-bolsonaro-corona-pandemie-tote-regenwald-abholzung-sued-amerika-90158529.html.

44 WWF European Policy Office, Béatrice Wedeu und Anke Schulmeister-Oldenhove: Stepping up? The Continuing Impact of EU Consumption on Nature Worldwide. Brüssel 2021.

45 Aus einem gemeinsamen Bericht des Institute of Zoology und des WWF: Living Planet Report – 2018: Aiming Higher. Gland 2018.

46 Der berühmt-berüchtigte Report der UN Food and Agriculture Organization (FAO) von 2006: Livestock's Long Shadow. Verfügbar unter http://www.fao.org/3/a0701e/a0701e03.pdf und: Weltbiodiversitätsrat (IPBES) & Helmholtz-Zentrum für Umweltforschung: Globale Assessment. Leipzig 2019 (2. Aufl.). Auszüge des englischen Originals der »Zusammenfassung für Politiker« vom IPBES.

47 Forks Over Knifes, Richard Oppenlander: Freshwater Abuse and Loss: Where Is It All Going?. Abrufbar unter: https://www.forksoverknives.com/the-latest/freshwater-abuse-and-loss-where-is-it-all-going/.

48 World Watch, Robert Goodland & Jeff Anhang: Livestock and Climate Change. 2009; https://awellfedworld.org/wp-content/uploads/Livestock-Climate-Change-Anhang-Goodland.pdf und noch etwas nachgetragene Info und Aufklärung in: World Watch, Robert Goodland: »Livestock and Climate Change«: Critical Comments and Responses. 2010; https://awfw.org/wp-content/uploads/WWMLivestock-ClimateResponses-20101.pdf.

49 Foodwatch: Geheime Lobbytreffen von Julia Klöckner: foodwatch klagt. 2. Februar 2021; https://www.foodwatch.org/de/aktuelle-nachrichten/2021/geheime-lobbytreffen-von-julia-kloeckner-foodwatch-klagt/. Und: Greenpeace: Ein Jahr Klöckner – Greenpeace zieht Bilanz. 12. März 2019; https://www.greenpeace.de/presse/presseerklaerungen/ein-jahr-kloeckner-greenpeace-zieht-bilanz.

50 IPPC (Intergovernmental Panel on Climate Change – Zwischenstaatlicher Ausschuss für Klimaänderung), Deutsche IPCC-Koordinierungsstelle: IPCC-Sonderbericht über Klimawandel, Desertifikation, Landdegradierung, nachhaltiges Landmanagement, Ernährungssicherheit und Treibhausgasflüsse in terrestrischen Ökosystemen. Bonn 2019.

51 Face the Climate Emergency, Luisa Neubauer, Greta Thunberg, Anuna de Wever van der Heyden & Adélaïde Charlier: Open Letter and Demands to World Leaders. Abrufbar unter https://climateemergencyeu.org/.

52 Spektrum der Wissenschaft, Lexikon der Psychologie: »Wut« unter https://www.spektrum.de/lexikon/psychologie/wut/17022 und »Zorn« unter https://www.spektrum.de/lexikon/psychologie/zorn/17275.

53 Riccardo Williams: Anger as a Basic Emotion and Its Role in Personality Building and Pathological Growth: The Neuroscientific, Developmental and Clinical Perspectives, in: Frontiers in Psychologie 8 (2017), doi: 10.3389%2Ffpsyg.2017.01950.

54 Dela Kienle und Sebastian Witte: Heilsamer Zorn: Über die Wut und ihre positiven Wirkungen, in: Michael Schaper (Hg.): GEO Kompakt Nr. 49: Das Böse nebenan. Ostfildern bei Stuttgart 2016.

55 FRA: Gewalt gegen Frauen – eine EU-weite Erhebung. Ergebnisse auf einen Blick. Luxemburg 2014.

56 Lucius Annaeus Seneca (ca. 41 n. u. Z.): De ira. Über die Wut. Lateinisch/Deutsch. Übersetzt und herausgegeben von Jula Wildberger. Stuttgart 2017 (7. Aufl.).

57 Francis Bacon (1561–1626): Of Anger. Zu finden auf Essays of Francis Bacon/Authorama Public Domain Books; http://www.authorama.com/essays-of-francis-bacon-57.html.

58 Hier steht alles drin, auch wer diese Hexen waren (die Ketzerin, die Heilerin, die ungehorsame Ehefrau, die Frau, die allein zu leben wagte) und

warum die Verfolgung, Entrechtung und Vernichtung dieser Frauen so wichtig für den Aufstieg des Kapitalismus waren: Silvia Federici: Caliban und die Hexe – Frauen, der Körper und die ursprüngliche Akkumulation. Wien 2017 (8. Aufl.) [2012].

59 Bob Eberly Myers II: »Drapetomania« Rebellion, Defiance and Free Black Insanity In the Antebellum United States. Doktorarbeit an der University of California. Los Angeles 2014, S. 363. Abrufbar unter https://escholarship.org/content/qt9dc055h5/qt9dc055h5_noSplash_1875a9a9f688f6f49c3222c6ecee4b42.pdf.

60 The Washington Post, Valerie Strauss: School named after KKK grand wizard to be renamed — finally. 16. Dezember 2013; https://www.washingtonpost.com/news/answer-sheet/wp/2013/12/16/school-named-after-kkk-grand-wizard-to-be-renamed-finally/.

61 Tagesschau, Arthur Landwehr: Mit Paralipsen gegen »den Sumpf«. 29. September 2020; https://www.tagesschau.de/ausland/trumps-rhetorik-analyse-101.html und Vox News, Fabiola Cineas: Donald Trump is the accelerant. 9. Januar 2021; https://www.vox.com/21506029/trump-violence-tweets-racist-hate-speech.

62 Der Spiegel, Maria Stöhr: Mann der Waffen. 29. Oktober 2018; https://www.spiegel.de/politik/ausland/brasilien-wahl-wer-ist-jair-bolsonaro-a-1235641.html.

63 Focus Online, Florian Reiter: Als Jean-Claude Juncker über Klospülungen spricht, beginnt Greta vor Wut zu beben. 18. Oktober 2020; https://www.focus.de/kultur/kino_tv/neuer-film-i-am-greta-als-jean-claude-juncker-ueber-klospuelungen-spricht-beginnt-greta-thunberg-vor-wut-zu-beben_id_12542861.html. Süddeutsche Zeitung, Interview von Marc Beise und Benedikt Müller mit Evonik-Chef Christian Kullmann: »Wir haben Klimahysterie«. 2. Dezember 2019; https://www.sueddeutsche.de/wirtschaft/evonik-kullmann-interview-1.4706305?reduced=true und Taz, Meinung von Nina Alpin & Lukas Wallraff: Klimaheldin oder Nervensäge?. 26. September 2019; https://taz.de/Der-Hype-um-Greta/!5626397/.

64 This is Jane Wayne, Julia Korbik: Die Wut steht ihr gut, oder: Warum wütende Frauen sich nicht beruhigen wollen. 5. Dezember 2019; https://www.thisisjanewayne.com/news/2019/12/05/die-wut-steht-ihr-gut-oder-warum-wuetende-frauen-sich-nicht-beruhigen-wollen/ und abc News, Joshua Hoyos, Erielle Reshef, Wil Cruz & Dean Schabner: »Serena Williams battles umpire, loses US Open final in stunning upset. 9. September 2018; https://abcnews.go.com/US/serena-williams-loses-temper-us-open-final-stunning/story?id=57693958.

65 The Guardian, Michael Sainato: Amazon is cracking down on protesters and

organizing, workers say. 5. Mai 2020; https://www.theguardian.com/technology/2020/may/05/amazon-protests-union-organizing-cracking-down-workers.

66 Noch so ein Buch, was man unbedingt gelesen haben sollte: Soraya Chemaly: Speak out! Die Kraft weiblicher Wut. Berlin 2020 (1. Aufl.), S. 368.

67 Jessica Salermo und Liana Peter-Hagene: One angry woman: Anger expression increases influence for men, but decreases influence for women, during group deliberation, in: American Psychology-Law Society (Hg.): Law and Human Behaviour, *Volume 39, Issue 6*. Washington 2015, S. 581–592.

68 Amy G. Halberstadt et al.: Racialized Emotion Recognition Accuracy and Anger Bias of Children's Faces, in: American Psychological Association (Hg.): Emotion. Advance online publication 2020; https://doi/10.1037/emo0000756.

69 Wendy Ashley: The angry black woman: the impact of pejorative stereotypes on psychotherapy with black women, in: Routledge (Hg.): Social Work in Public Health, Volume 29. Abingdon-on-Thames 2014, S. 27–34.

70 Brigitte Bargetz und Magdalena Freudenschuss: Der emotionale Aufstand. Verhandlungen um eine Politik der Gefühle in Zeiten der Krise. In: Gabriele Abels u. a. (Hg.): Femina Politica: Falsche Sicherheiten. Geschlechterverhältnisse in autoritären Regimen, Heft 1/2012. Thübingen 2012, S. 107–114.

71 Rosa Parks und Jim Haskins: Rosa Parks: My Story. London 1999.

72 Teresa Bücker: Ist es radikal, wütend zu sein?, in: Süddeutsche Zeitung Magazin: Wie Gemalt, Heft 10/2020. München 2020.

73 Prof. Kimberlé W. Crenshaw: Demarginalizing the Intersection of Race and Sex: A Black Feminist Critique of Antidiscrimination Doctrine, Feminist Theory and Antiracist Politics, in: University of Chicago Legal Forum, Volume 1989, Issue 1, Article 8. Chicago 1989, S. 138–167.

74 Emilia Roig: Why We Matter – Das Ende der Unterdrückung, Berlin 2021 (3. Aufl.) [2020], S. 16. Intersektionalität wird auch hier ganz hervorragend erklärt: Center For Intersectional Justice: What is Intersectionality. Abrufbar unter https://www.intersectionaljustice.org/what-is-intersectionality.

75 nd, Sibel Schick: Wut normalisieren. 8. Juli 2020; https://www.nd-aktuell.de/artikel/1138869.emotionen-und-politik-wut-normalisieren.html.

76 Reni Eddo-Lodge: Warum ich nicht länger mit Weissen über Hautfarbe spreche. Berlin 2020 (2. Aufl.) [2019], S. 104.

77 Dieses Phänomen ist als »The Talk« bekannt. Hier beschrieben von Leslie A. Anderson et al.: »The Talk« and Parenting While Black in America: Centering Race, Resistance, and Refuge, in: Journal of Black Psychology. 26 Juli 2021; https://doi.org/10.1177%2F00957984211034294.

78 Soraya Chemaly: Speak out! Die Kraft weiblicher Wut. Berlin 2020 (1. Aufl.), S. 62.

79 Bundeszentrale für politische Bildung, Swen Hutter & Ines Schäfer: Politischer Protest im wiedervereinigten Deutschland. 2. Juni 2020; https://www.bpb.de/geschichte/deutsche-einheit/lange-wege-der-deutschen-einheit/47408/politischer-protest.

80 Tima Kurdi: Öffnet die Herzen – und Grenzen!, in: Lesen ohne Atomstrom (Hg.): Act now! Reflexionen in existenziellen Zeiten. Hamburg/Berlin 2020 (1. Aufl.), S. 141.

81 Handelsblatt, Katharina Kort: Bezos, Musk, Bloomberg: Wie sich US-Milliardäre vor dem Fiskus arm rechnen. 8. Juni 2021; https://www.handelsblatt.com/politik/international/steuervermeider-bezos-musk-bloomberg-wie-sich-us-milliardaere-vor-dem-fiskus-arm-rechnen/27268188.html?ticket=ST-14942515-N5ayaMYmHcTEpeYuiALG-ap6. Und Netzpolitik.Org, Denise Stell: Amazon zahlt trotz Rekordumsatz keine Körperschaftssteuer. 4. Mai 2021; https://netzpolitik.org/2021/steuervermeidung-in-der-eu-amazon-zahlt-trotz-rekordumsatz-keine-steuern/.

82 Spektrum der Wissenschaft, Lexikon der Psychologie: »Dissonanztheorie«. Verfügbar unter https://www.spektrum.de/lexikon/psychologie/dissonanztheorie/3529.

83 In den 50er-Jahren trat der Sozialpsychologe Leon Festinger zum Schein einer Sekte in Wisconsin bei. Die Sektenführerin hatte prophezeit, dass eine gewaltige Flut die Menschheit ausrotten, aber ein UFO ihre Anhänger*innen retten würde. Weder die Flut noch die Außerirdischen kamen. Doch anstatt ihre Fehleinschätzung zuzugeben, ihre Meinung zu ändern und sich von der Sekte abzuwenden, sahen sich die Anhänger*innen nur noch mehr in ihrem Glauben bestärkt – ihre Gebete hätten Gott umgestimmt. Basierend auf diesen Ereignissen stellte Festinger die Theorie der kognitiven Dissonanz auf. Leon Festinger: Theorie der Kognitiven Dissonanz. Bern 2012.

84 Nein, das ist kein »Dachau-Vergleich«. Wiesel, Schriftsteller, Professor und Publizist spricht hier explizit von Kampf gegen Gleichgültigkeit als Schlüsselwort seiner »Weltanschauung«. Nachzulesen hier: Olaf Schwencke (Hg.): Erinnerung als Gegenwart. Elie Wiesel in Loccum. Loccum 1987, S. 157–159.

85 Ciani-Sophia Hoeder, Gründerin des RosaMag, dem ersten Onlinemagazin für Schwarze deutschsprachige Frauen, beschreibt das sehr schön in ihrem Artikel: Weibliche Wut, in: Stern, Wir haben abgetrieben!, Ausgabe 23/2021. Hamburg 2021, S. 78.

86 Bundeszentrale für politische Bildung: Das junge Politik-Lexikon. Moral. Abrufbar unter https://www.bpb.de/nachschlagen/lexika/das-junge-politik-lexikon/320812/moral.

87 Euronews: Namibia streitet über das Aussöhnungsabkommen mit Deutschland. 10. Juni 2021; https://de.euronews.com/2021/06/10/namibia-streitet-uber-das-aussohnungsabkommen-mit-deutschland und die Stellungnahme des Auswärtigen Amts: Außenminister Maas zum Abschluss der Verhandlungen mit Namibia. 28. Mai 2021; https://www.auswaertiges-amt.de/de/newsroom/-/2463396.

88 Daimler: Ergebnisse und Geschäftsbericht 2020. 18. Februar 2021. Das Zitat stammt von Ola Källenius, Vorstandsvorsitzender der Daimler AG und der Mercedes-Benz AG. Abrufbar unter https://www.daimler.com/investoren/berichte-news/geschaeftsberichte/2020/.

89 Hier ein Bericht des Deutschen Tierschutz Büros: Dritte Undercover-Recherche deckt auf, wie Tierquälerei für Tönnies weitergeht. 2. Januar 2021; https://www.tierschutzbuero.de/toennies-quaelt-weiter/. Über die unsäglichen Arbeits- und Lebensbedingungen der Tönnies-Mitarbeiter*innen lässt sich hier lesen: Süddeutsche Zeitung, Lina Verschwele: »Ein Staat im Staat«. 21. Juni 2020; https://www.sueddeutsche.de/wirtschaft/toennies-corona-rumaenen-covid-1.4943416. Oder hier: DW, Miodrag Soric: Das verschimmelte Heim der Tönnies-Arbeiter. 22. Juni 2020; https://www.dw.com/de/das-verschimmelte-heim-der-t%C3%B6nnies-arbeiter/a-53898736. Und natürlich ein Artikel über die geforderte Lohnerstattung im Handelsblatt, Katrin Terpitz: Politiker kritisieren Tönnies: »Dreist und unanständig«. 12. Juli 2020; https://www.handelsblatt.com/unternehmen/handel-konsumgueter/antrag-auf-lohnkostenerstattung-politiker-kritisieren-toennies-dreist-und-unanstaendig/25998464.html?ticket=ST-12236564-UwbYwHngkd7dJfTHExEL-ap1. Und über die verursachten Schäden berichtete der WDR: Zahlt Tönnies die Corona-Rechnung?. 2. Oktober 2020; https://www1.wdr.de/nachrichten/westfalen-lippe/corona-ausbruch-toennies-rechnung-kosten-quarantaene-100.html.

90 Monitor, Shafagh Laghai: Europas Schattenarmee. Pushbacks an der kroatisch-bosnischen Grenze. Manuskript zur Sendung vom 7. Oktober 2021; https://www1.wdr.de/daserste/monitor/sendungen/pushbacks-102.html. Und Marta Górczyńska, Jacek Białas & Daniel Witko: Legal Analysis of the Situation on the Polish-Belarusian Border Situation on: 9 September 2021; https://www.hfhr.pl/wp-content/uploads/2021/09/Legal-analysis-ENG.pdf.

91 Süddeutsche Zeitung, Peter Burghardt: Waffen, Munition – und rechtsradikaler Zündstoff. 10. September 2021; https://www.sueddeutsche.de/politik/razzia-wehrsportgruppe-niedersachsen-1.5407317.

92 Dan M. Kahan: Misconceptions: Misinformation, and the Logic of Identity-Protective Cognition, in: Yale Law School Public Law Research Paper No. 605. New Haven 2017.

93 Deutschlandfunk, Alice Hasters: Warum weiße Menschen so gerne gleich sind. 19. Januar 2020; https://www.deutschlandfunk.de/identitaeten-7-7-warum-weisse-menschen-so-gerne-gleich-sind.1184.de.html?dram:article_id=466836.

94 Soraya Chemaly: Speak out! Die Kraft weiblicher Wut. Berlin 2020 (1. Auflage), S. 270.

95 prae|faktisch, Christina Schües: Epistemische Verletzlichkeit und gemachte Unwissenheit. 31. März 2021; https://www.praefaktisch.de/nichtwissen/epistemische-verletzlichkeit-und-gemachte-unwissenheit/.

96 Psychologie Today: Gaslighting. Verfügbar unter https://www.psychologytoday.com/us/basics/gaslighting.

97 Gayatri Chakravorty Spivak brachte den Begriff der »epistemischen Gewalt« mit ihrem 1988 erschienenen Essay »Can the Subaltern Speak?« zum ersten Mal ins Spiel. Zu finden in: Rosalind Morris (Hg.): Can the Subaltern Speak?: Reflections on the History of an Idea. New York 2010. Miranda Fricker umschrieb Jahre später den Begriff »epistemische Ungerechtigkeit« in: Epistemic Injustice: Power and the Ethics of Knowing, Oxford 2007.

98 Marilyn French: Jenseits der Macht. Reinbeck bei Hamburg 2021 [1992], S. 775.

99 Oceana, Allison L. Perry, Jorge Blanco, Nicolas Fournier, Silvia García & Pilar Marín: Unmanaged = Unprotected: Europe's marine paper parks. Brüssel 2020.

100 Spektrum der Wissenschaft: Lexikon der Psychologie. »Wut«; https://www.spektrum.de/lexikon/psychologie/wut/17022 und Deutschlandfunk, Ute Frevert, Direktorin des Max-Planck-Instituts für Bildungsforschung im Interview mit Thomas Kretschmer: Wie Gefühle Politik machen. 4. November 2018; https://www.deutschlandfunk.de/gesellschaftsforschung-wie-gefuehle-politik-machen.1184.de.html?dram:article_id=427800.

101 Matthias Horx: Die Skandalokratie der Wutbürger, in: Zukunftsinstitut, Trendreport 2011; https://www.zukunftsinstitut.de/artikel/medien/die-skandalokratie-der-wutbuerger/.

102 Philosophie.ch, Swiss Portal for Philosophy, Prof. Dr. Patricia Pushert: Wut und Kritik. 18. Dezember 2016; https://www.philosophie.ch/artikel/wut-und-kritik.

103 Deborah Cox, Karin Bruckner & Sally Stabb: The Anger Advantage. New York 2003.

104 Dela Kienle und Sebastian Witte: Heilsamer Zorn: Über die Wut und ihre positiven Wirkungen, in: Michael Schaper (Hg.): GEO Kompakt Nr. 49: Das Böse nebenan. Ostfildern bei Stuttgart 2016.

105 Hanna Poddig: Reflexionen meines Kaffeekonsums, in: Lesen ohne Atom-

strom (Hg.): Act now! Reflexionen in existenziellen Zeiten. Hamburg/Berlin 2020 (1. Aufl.), S. 89.

106 Das findet jedenfalls auch Heidi Kastner, Chefärztin der Universitätsklinik für Psychiatrie mit forensischem Schwerpunkt in Linz. Hier im Interview mit Tim Wiese in Deutschlandfunk Kultur: Wer Wut unterdrückt, kann depressiv werden. 16. Mai 2019; https://www.deutschlandfunkkultur.de/emotionsforschung-wer-wut-unterdrueckt-kann-depressiv-werden.976.de.html?dram:article_id=448877.

107 Brigitte Bargetz und Magdalena Freudenschuss: Der emotionale Aufstand. Verhandlungen um eine Politik der Gefühle in Zeiten der Krise. In: Gabriele Abels u. a. (Hg.): Femina Politica: Falsche Sicherheiten. Geschlechterverhältnisse in autoritären Regimen, Heft 1/2012. Thübingen 2012, S. 107–114. Oder auch Thomas Vašek: Energie des Lebens, in: Katarzyna Mol-Wolf (Hg.): Hohe Luft. Wie viel Moral ist gut für uns?, Ausgabe 2/2019. Hamburg 2019, S. 40 ff.

108 Soraya Chemaly: Speak out! Die Kraft weiblicher Wut. Berlin 2020 (1. Aufl.), S. 20.

109 Marilyn French: Jenseits der Macht. Reinbeck bei Hamburg 2021 [1992], S. 204.

110 Silvia Federici: Caliban und die Hexe – Frauen, der Körper und die ursprüngliche Akkumulation. Wien 2017 (8. Aufl.) [2012], S. 130.

111 CNN, Veronica Stracqualursi: Trump again mocks teen climate activist Greta Thunberg«. 13. Dezember 2019; https://edition.cnn.com/2019/12/12/politics/trump-greta-thunberg-time-person-of-the-year/index.html. Und Business Insider, Morgan McFall-Johnsen: Greta Thunberg responds to ›haters,‹ asking why adults ›spend their time mocking and threatening teenagers and children for promoting science‹. 25. September 2019; https://www.businessinsider.com/greta-thunberg-asks-why-adults-mock-threaten-teenagers-2019-9.

112 The Artnewspaper, Sophia Kishkovsky: Pussy Riot members leave Russia after facing multiple arrests amid crackdown. 4. August 2021; https://www.theartnewspaper.com/news/pussy-riot-s-rita-flores-to-return-to-jail-after-hospital-stay. Über die Femen können Sie sich direkt an der Quelle schlaumachen: https://femen.org/. Der Mord an Freshta Kohistani und seine Umstände werden in diesem Artikel beschrieben: Aljazeera: Afghan women's rights activist, brother shot dead. 24. Dezember 2020; https://www.aljazeera.com/news/2020/12/24/afghan-womens-rights-activist-shot-dead.

113 Global Witness: Last Line of Defence. The industries causing the climate crisis and attacks against land and environmental defenders. London 2021.

114 Marilyn French: Jenseits der Macht. Reinbeck bei Hamburg 2021 [1992], S. 490.

115 Reni Eddo-Lodge: Warum ich nicht länger mit Weissen über Hautfarbe spreche. Berlin (2. Aufl.) [2019], S. 10 ff.

116 Ebd., S. 143.

117 Pauline Hermange: Ich hasse Männer. Hamburg 2020 (1. Aufl.), S. 42.

118 Emilia Roig: Why We Matter – Das Ende der Unterdrückung. Berlin 2021 (3. Aufl.) [2020], S. 92.

119 Hier die Chance, von Prof. Dr. Maja Göpel, Politökonomin und Mitbegründerin von Scientists for Future, zu lernen: Jung & Naiv: Argumente für eine sofortige, radikale Klimaschutzpolitik. Verfügbar unter https://www.youtube.com/watch?v=dGow4VDa6V0.

120 World Economic Forum: The Global Risks Report 2021. 16th Edition. Genf 2021.

121 Audre Lorde (1981): Uses of Anger, in: Your Silence will not protect you. London 2017 (1. Aufl.), S. 114.

122 Archiv von bundesregierung.de: Rede von Bundeskanzlerin Angela Merkel bei der Gedenkveranstaltung für die Opfer rechtsextremistischer Gewalt. 23. Februar 2012; https://archiv.bundesregierung.de/archiv-de/rede-von-bundeskanzlerin-angela-merkel-bei-der-gedenkveranstaltung-fuer-die-opfer-rechtsextremistischer-gewalt-415478.

123 Der Spiegel, Jörg Diehl, Bertolt Hunger & Jens Witte: Die Merkwürdigkeiten im NSU-Komplex. 10. Juli 2018; https://www.spiegel.de/panorama/justiz/nsu-komplex-die-pannen-und-merkwuerdigkeiten-a-1216659.html. Und Deutschlandfunk, Tanjev Schultz im Gespräch mit Birgid Becker: »Wir sehen an vielen Stellen, dass der Rechtsstaat angegriffen wird«. 2. September 2018; https://www.deutschlandfunk.de/die-nsu-und-das-staatsversagen-wir-sehen-an-vielen-stellen.694.de.html?dram:article_id=426988.

124 Redaktionsnetzwerk Deutschland, Jan Sternberg: Das NSU-Urteil und die Wut der Witwe Elif Kubaşık: »Mehmet war nur eine Nummer«. 1. Mai 2020; https://www.rnd.de/politik/nsu-prozess-das-urteil-und-die-wut-der-witwe-elif-kubasik-mehmet-war-nur-eine-nummer-7S4OADAXAFBF5OULCLI6NGBV4E.html.

125 Taz, Astrid Geisler: Zur Strafe befördert. 28. November 2014; https://taz.de/Verfassungsschutz-und-NSU/!5027455/.

126 Redaktionsnetzwerk Deutschland, Jan Sternberg: Das NSU-Urteil und die Wut der Witwe Elif Kubaşık: »Mehmet war nur eine Nummer«. 1. Mai 2020; https://www.rnd.de/politik/nsu-prozess-das-urteil-und-die-wut-der-witwe-elif-kubasik-mehmet-war-nur-eine-nummer-7S4OADAXAFBF5OULCLI6NGBV4E.html.

127 Deutsche Welle, Alexander Scholz: Angela Merkel gedenkt der NSU-Opfer. 4. November 2019; https://www.dw.com/de/angela-merkel-gedenkt-der-nsu-opfer/a-51106612.

128 Audre Lorde (1981): Uses of Anger, in: Your Silence will not protect you. London 2017 (1. Aufl.), S. 111.

129 nd, Sibel Schick: Wut normalisieren. 8. Juli 2020; https://www.nd-aktuell.de/artikel/1138869.emotionen-und-politik-wut-normalisieren.html.

130 Andreas Zick: Die Konflikttheorie der Theorie sozialer Identität, in: Thorsten Bonacker (Hg.): Sozialwissenschaftliche Konflikttheorien. Wiesbaden 2005 (3. Auflage) [1996], S. 419 f.

131 Sind Sie weiß? Dann ist hier noch etwas Pflichtlektüre für Sie: Robin DiAngelo: White Fragility. Why It's So Hard for White People to Talk About Racism. London 2019 (1. Aufl.) [2018], S. 19 f.

132 Uffa Jensen: Zornpolitik. Berlin 2017 (1.Aufl.), S. 33 ff.

133 Ebd., S. 99 f.

134 Margarete Stokowski: Untenrum frei. Hamburg 2018 (19. Aufl.) [2016], S. 7.

135 Marilynn B. Brewer: Intergroup Discrimination: Ingroup Love or Outgroup Hate?, in: Chris G. Sibley und Fiona Kate Barlow (Hg.): The Cambridge Handbook of the Psychology of Prejudice. Cambridge 2019, S. 90–110. Und Dan M. Kahan: Misconceptions: Misinformation, and the Logic of Identity-Protective Cognition, in: Yale Law School Public Law Research Paper No. 605. New Haven 2017.

136 The Guardian, Lorenzo Tondo: ›It's a day off‹: wiretaps show Mediterranean migrants were left to die. 16. April 2021; https://www.theguardian.com/world/2021/apr/16/wiretaps-migrant-boats-italy-libya-coastguard-mediterranean.

137 Jolanda Jetten et al.: How Groups Affect Our Health and Well-Being: The Path from Theory to Policy, in: Society for the Psychological Study of Social Issues (SPSSI): Social Issues and Policy Review, Vol. 8. Hoboken, New Jersey 2014, S. 103–130.

138 Andreas Blechschmidt: Gewalt – Macht – Widerstand. G20 Streitschrift um die Mittel zum Zweck. Hamburg/Münster 2019 (1. Aufl.), S. 139.

139 N. N.: Re:generation, in: The Free Association (Hg.): Moments of Excess – Movements, protests and everyday life. Oakland 2011 (1. Aufl.), S. 120.

140 Dieses wunderbare Gedankenexperiment oder besser diese Zukunftsvision stammt von Laurie Penny: Meat Market – Female Flesh under Capitalism. Hampshire 2010 (1. Aufl.), S. 62.

141 Die unbezahlten Stunden ausgerechnet hat die International Labour Organisation. International Labour Office: Care work and care jobs for the future of decent work. Genf 2018. Eine Reduzierung der Arbeitszeit um 20 %

würde allerdings immer noch bedeuten, dass Frauen wie bisher hauptsächlich im Niedriglohnsektor arbeiten würden und nicht in besser bezahlte Berufsgruppen einsteigen würden. Vgl. hierzu International Labour Office: Global Wage Report 2018/2019: What lies behind gender pay gaps. Genf 2018.

142 Angela Y. Davis: The Approaching Obsolescence of Housework, in: Women, Race & Class. London 2019 (5. Aufl.) [1981], S. 205.

143 International Vegetarian Union (IVU): Ancient Greece and Rome: Pythagoras. Abrufbar unter http://www.ivu.org/history/greece_rome/pythagoras.html.

144 Bertha von Suttner (1898): Schach der Qual, in: Manuela Linnemann (Hg.): Brüder – Bestien – Automaten. Das Tier im abendländischen Denken. Erlangen 2000 (1. Aufl.), S. 250. Infos über Rosa Luxemburgs Verhältnis zur Befreiung der Tiere und vieles mehr findet sich in Matthias Rude: Antispeziesismus. Die Befreiung von Mensch und Tier in der Tierrechtsbewegung und der Linken. Stuttgart 2013 (1. Aufl.), S. 95 ff.

145 Srećko Horvat: Poetry from the Future. London 2019 (1. Aufl.), S. 30.

146 Hannah Arendt: Macht und Gewalt. München 2003 (15. Aufl.) [1970], S. 7.

147 Das »Legalteam für Alle« von Ende Gelände hat relevante Infos bzgl. rechtlicher Folgen von Aktionen zusammengetragen, hier z. B. in der »Rechtshilfebroschüre für Aktionen in NRW«. Abrufbar unter https://www.ende-gelaende.org/wp-content/uploads/2020/09/rechtsbroschuere_nrw_sep2020.pdf.

148 Aachener Zeitung: Hambacher-Forst-Aktivistin wehrt sich gegen Urteil. 29. März 2019; https://www.aachener-zeitung.de/nrw-region/braunkohle/aktivistin-aus-dem-hambacher-forst-klagt-vor-lg-koeln-gegen-urteil_aid-37773007.

149 Taz, Bernd Müllender: Sechs Monate zu Unrecht im Knast. 13. Januar 2020; https://taz.de/Urteile-zum-Hambacher-Forst/!5652428/.

150 DW: Polizei räumt Hambacher Forst. 13. September 2018; https://www.dw.com/de/polizei-r%C3%A4umt-hambacher-forst/a-45474915.

151 Süddeutsche Zeitung: Räumung des »Hambi« war rechtswidrig. 8. September 2021; https://www.sueddeutsche.de/politik/hambacher-forst-raeumung-rechtswidrig-1.5405125.

152 Gertrude Lübbe-Wolff: Ist Verfassungsgerichtsbarkeit undemokratisch?, in: Edmund Budrich u. a. (Hg.): GWP – Gesellschaft. Wirtschaft. Politik, Heft 2/2017. Thübingen 2017, S. 231.

153 Martin Luther King Jr.: My Pilgrimage to Nonviolence. Zuerst erschienen in: Stride Toward Freedom (1958). Auch hier nachzulesen: https://kinginstitute.stanford.edu/king-papers/documents/my-pilgrimage-nonviolence.

154 Herbert Marcuse: Versuch über die Befreiung. Berlin 1969 (1. Aufl.), 110 f.

155 Donatella Di Cesare: Die Zeit der Revolte, in: Lesen ohne Atomstrom (Hg.): Act now! Reflexionen in existenziellen Zeiten. Hamburg/Berlin 2020 (1. Aufl.), S. 200.
156 Rede von Emmeline Pankhurst am 17. Oktober 1912 in der Royal Albert Hall in London. Einsehbar unter: History is a Weapon; https://www.historyisaweapon.com/defcon1/pankhurstincitetorebel.html.
157 Diane Atkinson: Rise Up Women! The Remarkable Lives of the Suffragettes. London 2018 (1. Aufl.).
158 Rede von Ijeoma Oluo am 12. Januar 2018 bei der 45th Annual Community Celebration of Martin Luther King, Jr. in der Mt. Zion Baptist Church in Seattle. Ein Transkript der Rede findet sich bei Crosscut; https://crosscut.com/equity/2018/01/ijeoma-oluo-love-and-anger-mlk.
159 Das Zitat ist aus dieser beeindruckenden, eloquenten Rede über Rassismus und den Unterschied zwischen Protest, Aufruhr und Plünderung zusammengekürzt: International Women* Space, Kimberly Jones: How can we win?. 1. Juli 2020; https://iwspace.de/2020/07/how-can-we-win-kimberly-jones/.
160 Reni Eddo-Lodge: Warum ich nicht länger mit Weissen über Hautfarbe spreche. Berlin 2020 (2. Aufl.) [2019], S. 125.
161 Emilia Roig: Why We Matter – Das Ende der Unterdrückung, Berlin 2021 (3. Aufl.) [2020], S. 78 ff.
162 Gayatri Chakravorty Spivak (1988): Can the Subaltern Speak?, in: Rosalind Morris (Hg.): Can the Subaltern Speak?: Reflections on the History of an Idea. New York 2010 (1. Aufl.).
163 Srećko Horvat, Poetry from the Future. London 2019 (1. Aufl.), S. 31.
164 The Armed Conflict Location & Event Data Project (ACLED) 2021, Roudabeh Kishi, Hampton Stall, Aaron Wolfson & Sam Jones: A Year of Racial Justice Protests: Key Trends in Demonstrations Supporting the BLM Movement. Verfügbar unter https://acleddata.com/2020/09/03/demonstrations-political-violence-in-america-new-data-for-summer-2020/.
165 Zeit Online: Brandexperten zweifeln an Gutachten im Fall Ahmed A. 6. Dezember 2018; https://www.zeit.de/gesellschaft/zeitgeschehen/2018-12/kleve-fall-ahmad-haeftling-zelle-verbrannt.
166 Taz, Christian Jakob: Brüche und Entzündungen. 28. Oktober 2019; https://taz.de/Neue-Erkenntnisse-im-Fall-Oury-Jalloh/!5636402/. Und: Der Tagesspiegel, Sebastian Leber: Warum sich Oury Jalloh nicht selbst angezündet haben kann. 8. Januar 2021; https://www.tagesspiegel.de/themen/reportage/in-polizeizelle-verbrannt-warum-sich-oury-jalloh-nicht-selbst-angezuendet-haben-kann/26774236.html.
167 Taz, Andreas Wyputta: Die Polizei löscht Daten. 13. Mai 2021; https://taz.de/Todesfall-Amad-Ahmad-in-der-JVA-Kleve/!5772229/.

168 Lesen Sie dieses Buch! Matthias Meisner und Heike Kleffner (Hg.): Extreme Sicherheit: Rechtsradikale in Polizei, Verfassungsschutz, Bundeswehr und Justiz. Freiburg im Breisgau 2019 (1. Aufl.).

169 Faz: »Zustände noch schlimmer als in Moria«. 5. November 2020; https://www.faz.net/aktuell/politik/ausland/zustaende-in-neuem-lager-noch-schlimmer-als-in-moria-17037272.html. Und Info Migrants, Benjamin Bathke: Doctors confirm rape of 3-year-old girl at Kara Tepe migrant camp. 21. Dezember 2020; https://www.infomigrants.net/fr/post/29226/doctors-confirm-rape-of-3yearold-girl-at-kara-tepe-migrant-camp.

170 Parwana Amiri: Vom Traum, wieder in Sicherheit zu sein, in: Lesen ohne Atomstrom (Hg.): Act now! Reflexionen in existenziellen Zeiten. Hamburg/Berlin 2020 (1. Aufl.), S. 151.

171 Thomas Seibert: Das Eine tun, das Andere nicht lassen, in: Karl-Heinz Dellwo, Achim Szepanski und J. Paul Weiler (Hg.): RIOT – Was war da los in Hamburg? Theorie und Praxis der Kollektiven Aktion, Band 2. Hamburg 2018 (1. Aufl.), S. 97–102.

172 Bundeszentrale für politische Bildung, Christopher Daase: Was ist Widerstand? Zum Wandel von Opposition und Dissidenz. 20. Juni 2014; https://www.bpb.de/apuz/186866/was-ist-widerstand?p=all.

173 Andreas Blechschmidt: Gewalt – Macht – Widerstand. G20 Streitschrift um die Mittel zum Zweck. Hamburg/Münster 2019 (1. Aufl.), S. 51.

174 Hannah Arendt: Macht und Gewalt. München 2003 (15. Aufl.) [1970], S. 57.

175 Marilyn French: Jenseits der Macht. Reinbeck bei Hamburg 2021 [1992], S. 444.

176 Vgl. Hannah Arendt (1970): Macht und Gewalt.

177 Max Weber: Wirtschaft und Gesellschaft: Grundriss der verstehenden Soziologie. Tübingen 2002 (5. Aufl.) [1921], Kapitel 1, § 16.

178 Die Machtbasentheorie von John R. P. French und Bertram H. Raven ist z. B. hier nachzulesen: Bertram H. Raven: The Bases of Power and the Power/Interaction Model of Interpersonal Influence, in: Society for the Psychological Study of Social Issues (SPSSI): Analyses of Social Issues and Public Policy, Vol. 8. Hoboken, New Jersey 2008, S. 1–22.

179 Oxfam, Clare Coffey et al.: Time to Care. Unpaid and underpaid care work and the global inequality crisis. Oxford 2020.

180 Deutschlandfunk Kultur, Thomas Kruchem: Wie Konzerne die Lebensmittelproduktion kapern. 17. August 2021; https://srv.deutschlandradio.de/dlf-audiothek-audio-teilen.3265.de.html?mdm:audio_id=950254. Und United Nations Children's Fund (UNICEF): Fed to Fail? The Crisis of Children's Diets in Early Life. 2021 Child Nutrition Report. New York 2021.

181 Matrifokale Gegenwart, Stephanie Gogolin: Das Matrifokal … mehr

als nur eine Theorie. 9. August 2017; https://marthastochter.wordpress.com/2017/08/09/das-matrifokal-eine-theorie/.

182 Marilyn French: Jenseits der Macht. Reinbeck bei Hamburg 2021 [1992], S. 103 f., 116 f.

183 Unabhängige interdisziplinäre Patriarchatsforschung, Vortrag an der Philipps-Universität Marburg im Rahmen der Studientage »Nachhaltigkeit und Gesellschaftsformen aus kritisch geographischer Sicht«, Gabriele Uhlmann: Explosion und Expansion – wie Vatermacht die Welt unterjocht. 17. Mai 2019; https://blog.gabriele-uhlmann.de/explosion-und-expansion-wie-vatermacht-die-welt-unterjocht.

184 Marilyn French: Jenseits der Macht. Reinbeck bei Hamburg 2021 [1992], S. 19 und 104.

185 Die Zusammenhänge zwischen tief verwurzelter kultureller Frauenfeindlichkeit mit der Besessenheit von Fleischkonsum und »Männlichkeit« werden in diesem sensationellen Werk aufgezeichnet: Carol J. Adams: The Sexual Politics of Meat. A Feminist-Vegetarian Critical Theory. London 2015 [1990].

186 Bundeszentrale für politische Bildung: Bevölkerungsentwicklung. Bevölkerung in absoluten Zahlen und Wachstumsrate pro Jahr in Prozent, weltweit 1950 bis 2060. 1. Juli 2017; https://www.bpb.de/nachschlagen/zahlen-und-fakten/globalisierung/52699/bevoelkerungsentwicklung.

187 Gesagt hat's Zydrunas Vaikasas, Chef der litauischen Grenzwache in Poskonys in Bezug auf Flüchtende, die aus Belarus kommen. Die Premierministerin Ingrida Simonyte bezeichnete das gesamte Vorgehen, inkl. Militäreinsatz und Bau eines Hunderte Kilometer langen Grenzzauns als »friedliche Maßnahme«. Tagesschau: »Ihr Ziel ist Deutschland«. 11. August 2021; https://www.tagesschau.de/ausland/europa/litauen-grenzzaun-101.html.

188 Der Spiegel, Maximilian Popp: GIZ verweigert erwachsenen Söhnen von Ortskräften die Rettung. 19. August 2021; https://www.spiegel.de/ausland/evakuierung-aus-afghanistan-giz-verweigert-erwachsenen-soehnen-von-ortskraeften-die-rettung-a-1bf89e8c-1e64-49ad-91ae-d0792ba3209c.

189 Swetlana Alexijewitsch: Von der Banalität des Schreckens, in: Lesen ohne Atomstrom (Hg.): Act now! Reflexionen in existenziellen Zeiten. Hamburg/Berlin 2020 (1. Aufl.), S. 42.

190 Der Kommunist, Philosoph, Journalist und Theoretiker schrieb u. a. aus seiner Haft als politischer Gefangener der italienischen Faschisten, an deren Folgen er 1937 starb. Das Zitat des »pessimism of the intellect, optimism of the will« stammt aus einem früheren Aufsatz: Address to the Anarchists, in: Antonio Gramsci: Selections from Political Writings 1910–1920. London 1977 (1. Aufl.), S. 188.

191 N. N.: Six impossible things before breakfast, in: The Free Association (Hg.):

Moments of Excess – Movements, protests and everyday life. Oakland 2011 (1. Aufl.), S. 99.

192 Marilyn French: Jenseits der Macht. Reinbeck bei Hamburg 2021 [1992], S. 712. Ebenso wie Audre Lorde (1983): The Master's Tools will Never Dismantle the Master's House, in: Cherrie Moraga und Gloria Anzaldúa (Hg.): The Bridge Called my Back: Writings by Radical Women of Color. 4th Edition. Albany, New York 2015 (1. Aufl.), S. 94–101.

193 Betty Reid Soskin im Interview mit Pheobe Judge über ihre lebenslange Mission, durch Oral History die Geschichte von insbesondere Schwarzen US-amerikanischen Frauen im Zweiten Weltkrieg zu beleuchten und nicht in Vergessenheit geraten zu lassen. Aus dem Podcast This is Love: Episode 37 – What gets told. Ab min. 24; https://thisislovepodcast.com/episode-37-what-gets-told/.

194 Wissenschaft.de, Ute Kehse: Ötzi: Es war heimtückischer Mord. 1. Dezember 2017; https://www.wissenschaft.de/geschichte-archaeologie/oetzi-es-war-heimtueckischer-mord/. Und Marta Mirazon Lahr et al.: Inter-group violence among early Holocene hunter-gatherers of West Turkana, Kenya, in: Philip Campbell (Hg.): Nature Vol. 529, Issue 7586. London 2016, S. 394–398.

195 Statista: Anzahl der nuklearen Sprengköpfe weltweit 2021; https://de.statista.com/statistik/daten/studie/36401/umfrage/anzahl-der-atomsprengkoepfe-weltweit/.